CUT & COMPOSE

Baukasten für Visualisierungen in Architektur und Design
Toolbox for Visualizations in Architecture and Design

BIRKHÄUSER
BASEL

THOMAS KRUPPA / ACHIM BURSCH

CUT & COMPOSE

BAUKASTEN FÜR VISUALISIERUNGEN IN ARCHITEKTUR UND DESIGN
TOOLBOX FOR VISUALIZATIONS IN ARCHITECTURE AND DESIGN

VORWORT

In der Architektur ist die Visualisierung zu einem unverzichtbaren Medium für die Präsentation der Projekte geworden. Die Visualisierung erlaubt es, Konzepte und geplante Projekte zu veranschaulichen und deren Inhalte und Intentionen visuell zu vermitteln. Dabei bietet sich ein breites Spektrum an Möglichkeiten an, verschiedene Situationen und Atmosphären zu komponieren. Der Wunsch nach hochwertigen Darstellungen vonseiten der Kunden und Auftraggeber hat den Bedarf an Visualisierungen rasch ansteigen lassen und gezeigt, dass anspruchsvolle Präsentationen zu merklichen Wettbewerbsvorteilen führen.

In der Praxis bedeutet das allerdings zeitaufwändige und individuelle Arbeit zur Erstellung qualitativ hochwertiger Visualisierungen, da nicht auf adäquate Grundlagen oder Fachliteratur zurückgegriffen werden kann.

CUT & COMPOSE schließt diese Lücke und ermöglicht, Präsentationen individuell zu gestalten, indem es einen umfangreichen Baukasten zur Verfügung stellt, der es erlaubt, Skizzen und Planungen schnell und einfach in anschauliche und professionelle Präsentationen umzusetzen und wettbewerbsfähig zu machen.

CUT & COMPOSE ist mit seiner umfangreichen Datenbank aus Bildobjekten eine optimale Grundlage, um kreative Prozesse zu unterstützen und das individuelle Profil professionell zu erweitern. Es basiert auf einem praxiserprobten Konzept und spricht deshalb Architekten, Visualisierer, Designer und Studierende designorientierter Studiengänge in ihrer täglichen Arbeit an, die ihre Fähigkeiten erweitern und perfektionieren möchten. Darüber hinaus kann der Baukasten mit weiteren, eigenen Elementen ergänzt und somit leicht auf individuelle Bedürfnisse zugeschnitten werden.

Neue Perspektiven erweitern Ihre Horizonte.

Trier, im August 2012
Die Autoren

Achim Bursch und Thomas Kruppa

FOREWORD

In the field of architecture, visualization is now an indispensable medium for presenting projects. Visualization makes it possible to illustrate concepts and planned projects and to visually communicate their content and intentions. It also provides a broad spectrum of choices for composing in a variety of contexts and atmospheres. The desire among customers and clients for excellent presentations has prompted a rapidly growing demand for visualizations, demonstrating that ambitious presentations can create significant competitive advantages.

In practice, however, it means that a lot of time-consuming work and individual effort goes into preparing qualitatively high-grade visualizations, as there is no adequate groundwork and specialist literature to fall back on.

CUT & COMPOSE closes this gap, making it possible to design individual presentations thanks to its extensive construction kits, which enable users to transform sketches and plans quickly and simply into graphic, professional presentations and to make them competitive.

CUT & COMPOSE, with its extensive database of visual objects, provides an optimal basis for supporting creative processes and for professionally expanding your individual profile. Based on a tried-and-tested concept, it appeals to architects and visualizers, as well as to students on design-oriented vocational and study courses, who, in their daily work, are striving to extend and perfect their skills. It also allows users to supplement construction kits with design elements of their own and to tailor them to suit their individual needs.

New perspectives broaden your horizon.

Trier, August 2012
The authors

Achim Bursch and Thomas Kruppa

INHALT CONTENT

ANWENDUNGSBRANCHEN
ANWENDUNGSBEREICHE

Das Spektrum der Anwendungsmöglichkeiten deckt den gesamten Bereich der Visualisierung ab, von der schnellen, eher schematischen Visualisierung über Fotomontagen bis hin zum „high-end rendering" und ermöglicht so, Projekte nicht nur statisch, sondern atmosphärisch, natürlich und vital zu präsentieren.

BRANCHEN

Architektur

Innenarchitektur

Landschaftsarchitektur

Immobilienbranche

Grafik

Design

Kunst

BEREICHE

Entwurf

Studien

Wettbewerbe

Planung

Realisierung

Akquise

Dokumentation

SECTORS OF APPLICATION
AREAS OF APPLICATION

The range of applications embraces all aspects of visualization: from simple, rapid and relatively schematic visualizations on the one hand, to photomontages and "high-end rendering" on the other, thus making it possible to present projects in a way that is both static and atmospheric, natural and full of life.

SECTORS

Architecture

Interior design

Landscape architecture

Real estate sector

Graphic arts

Design

Art

AREAS

Draft designs

Studies

Competitions

Planning

Implementation

Customer acquisition

Documentation

ANLEITUNG

IN DER ANWENDUNG WIRD MIT ZWEI MEDIEN GEARBEITET	Das Printmedium als Benutzerhandbuch und Auswahl- bzw. Nachschlagewerk
	Das Datenmedium (DVD) als Werkzeug und übersichtliche Datenbank im psd-Format mit Vektor-Informationen (Adobe Photoshop und andere Graphik-programme)

PRINTMEDIUM

Der Katalog in dem Buch bietet einen Überblick über alle Motive, die für die digitale visuelle Aufbereitung auf der DVD bereit stehen. Die Motive sind in sechs Kategorien gegliedert: Menschen, Vegetation, Accessoires, Fahrzeuge, Himmel, Materialien/Strukturen und sind jeweils in den Varianten Farbfoto, Schwarz-flächen und Kontur wiedergegeben. Eine Objekt-Codierung führt zum vektori-sierten psd-Objekt der Datenbank auf der DVD.
Farbige Bänder navigieren durch die verschiedenen Kategorien, die Farben sind schon im Vorderschnitt des Buches zu sehen und erleichtern damit die Objektsuche. Eine Fußnote auf der rechten Seite verweist auf die Foto-, Schwarzflächen- und Konturvariante der abgebildeten Objekte.

DATENMEDIUM

Auf der DVD findet sich die komplette Datenbank mit allen Objekten im psd-Format. In diesen psd-Dateien liegen die freigestellten Objekte auf sepa-rierten Ebenen als Farbfoto, Schwarzfläche (vektorisiertes Smartobjekt) und Kontur (vektorisiertes Smartobjekt) vor und besitzen zudem einen Alphakanal. Durch die Vektorinformationen sind die Objekte individuell skalierbar und veränderbar ohne dass sie an Detailgenauigkeit und Qualität einbüßen, da sie auflösungsunabhängig sind. Die Smartobjekte lassen sich anschließend in eine normale Ebene konvertieren. Der Inhalt wird in der aktuellen Größe gerastert.
Der Alphakanal wird in Cinema 4D eingeladen und kann gezielt einen Bereich einer Textur ausstanzen. Darunterliegende Materialien bzw. Hintergründe kom-men somit einwandfrei zum Vorschein.
Zudem können mit dem Alphakanal Texturen und Materialien miteinander weich überblendet werden. Dadurch entstehen zusätzliche Möglichkeiten Objekte realistisch aussehen zu lassen.
Der multifunktionale Datenaufbau der psd-Datei eröffnet vielfache Kombinations-möglichkeiten.

VORGEHENSWEISE	Objekt im Buch wählen
	CUT: Objekt auf der DVD mit identischer Nummer kopieren
	COMPOSE: Objekt im Bild platzieren und bearbeiten

Weitere Informationen, Tipps und Tricks zur Anwendung finden Sie auf der Internetseite cutandcompose.com

INSTRUCTION

Printed media in the form of a user's manual and a reference work

The data medium (DVD), which serves as both a tool and a clearly structured database in psd format and also contains vector information (Adobe Photoshop and other graphics software)

PRINT MEDIA

The catalogue in the book provides an overview of all the motifs available on the DVD for digital visual processing. These motifs are to be found in six categories: people, vegetation, accessories, cars, the sky, materials/structures and are also available in the following variations: colour photos, black figures and outlines. Object coding vectorizes the psd object on the database on the DVD.
Coloured stripes guide you through the various categories. The colours can be seen on the fore-edge of the book, thereby facilitating the search for objects.
A footnote on the right refers to the photo, black figure and outline variants of the objects illustrated.

DATA MEDIUM

The DVD is supplied with a complete database containing all of the objects in psd format. These psd data files contain the cut-out images at separate levels in the form of colour photos, black figures (vectorized smart objects), outlines (vectorized smart objects) and alpha channels.
Using the vector information, the user can scale the objects individually and, owing to their resolution independence, modify them without any loss in detail or quality. If required, smart vector objects can be converted into a regular psd layer. The content can then be rastered in its present size.
(All of the psd data contain a cut-out image and background in the form of an alpha channel.) Almost all 3D software programs (e.g. Cinema 4D) allow you to remove the alpha channel so that you then have an extracted object which is ready to use in your visualisation.
In a further step, the alpha-canal graphic textures and materials can be cross-faded over into one another. This is yet another way of making objects look more realistic.
The multifunctional data architecture of the psd file provides numerous options for combining objects.

PROCEEDING

Select an object in the book

CUT: copy an object with an identical number from the DVD

COMPOSE: position the object in the picture and process it

You will find further information, tips and tricks on the application on the internet page cutandcompose.com.

CUT & COMPOSE
ANWENDUNGSBEISPIELE

Die folgenden Doppelseiten zeigen verschiedene Beispiele für die Anwendung der Objekte zur Optimierung einer visuellen Präsentation. Die Kombinationen der Objekte sind individuell anwendbar und von der Intention der Präsentation abhängig. Die vorgestellten Beispiele verdeutlichen, wie Objekte aus den Rubriken Foto, Schwarzfläche und Kontur einer Visualisierung unterschiedliche Stimmungen verleihen können.

Als Grundlage kann ein gerendertes Bild ebenso dienen wie abstrakte Linienzeichnungen, Kollagen, Fotos oder dergleichen, die zusammen mit den Bildelementen zu einer Bildkomposition verarbeitet werden.
Für die Auswahl der Motive aus dem Katalog ist die gewünschte Atmosphäre des Produkts oder des Entwurfs ausschlaggebend. Die Gesamtkomposition des Bildes muss unter künstlerischen Aspekten entschieden werden. Eine phantasievolle Platzierung der Bildelemente Menschen, Vegetation, Fahrzeuge, Accessoires, Hintergründe und Materialien verleiht dem Rendering eine ansprechende Lebendigkeit.
Subtile und individuelle Filterarbeiten, Einstellungen in den Farbtonsättigungen, Kontrasten und Belichtungen im Grafikprogramm wie z. B. Adobe Photoshop verfeinern die Atmosphäre des Bildes und schaffen eine stimmungsvolle Präsentation.

Alle Elemente sind mit Alphakanälen versehen und können somit neben 2-D-Programmen darüber hinaus auch in einer 3-D-Software verarbeitet werden. Am Beispiel der Software Cinema 4D der Firma Maxon wird vorgeführt, wie Elemente mit einem Alphakanal ins Rendering integriert werden können. Hierzu werden die Elemente durch einen Zur-Kamera-ausrichten-Expression automatisch in Richtung der Kamera positioniert. Das Programm ermöglicht es, die Elemente perspektivisch korrekt zu skalieren und automatisch einen Schattenwurf abzubilden. Da in weiteren Kanälen Licht, Schatten, Auswahlmasken etc. generiert werden können, ist die Weiterbearbeitung des Renderings im Grafikprogrammen wie z. B. Adobe Photoshop deutlich vereinfacht.

Weitere Beispiele unserer Arbeit als Perspektivisten unter
www.dieperspektivisten.de

CUT & COMPOSE EXAMPLES

The following double pages present various examples on the use of objects to optimize a visual presentation. Each combination of objects can be used individually, depending on the purpose of the presentation. The examples presented here show how objects chosen from the categories of photography, black figures and outlines can lend a wide range of atmospheres to a visualization.

A rendered image will provide just as suitable a basis as an abstract line drawing, collages, photos and the like, which can be processed together with the pixels to create a pictorial composition.
When selecting motifs from the catalog, the desired atmosphere of the product or design is decisive. The overall composition of the image must be determined in accordance with artistic criteria. Imaginative positioning of the visual elements – people, vegetation, cars, accessories, backgrounds and materials – lend the rendering its appealing vitality.
Subtle and individual filtering, as well as the settings for color hues, contrasts and exposure in your graphics software, such as Adobe Photoshop, will enhance your image's atmosphere and help to create an exciting presentation.

All of the elements are assigned alpha channels. As a result, they can be processed not only with 2D programs but also with 3D software. Taking Maxon's Cinema 4D software as an example, you can see how elements with an alpha channel can be integrated into the rendering process. To perform this operation, elements are automatically positioned using the function: align-to-camera-expression. The program allows you to scale elements so that the perspective remains correct and to automatically depict a drop shadow. The other channels allow you to generate light, shadows, selection templates, etc., thus greatly simplifying the process of rendering with a graphics program, such as Adobe Photoshop.

You will see further examples of our work as perspectivists on the website www.dieperspektivisten.de

ANWENDUNGSBEISPIELE
EXAMPLES

Bild 1
Rendering als Basis für die Erweiterung mit
Bildelementen
Image 1
Rendering as a basis for adding picture
elements

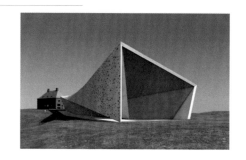

Bild 2
Fotorealistische Darstellung mit Bildelementen
aus der Kategorie FOTO
Image 2
Photorealistic depiction with picture elements
from the PHOTO category

MPP_020   VVV_043   VVV_020   VVV_098   HSC_066

Bild 3
Abstrakte Darstellung mit Bildelementen aus
der Kategorie SCHWARZFLÄCHEN
Image 3
Abstract depiction with picture elements from
the BLACK FIGURES category

MPP_020   VVV_043   VVV_020   VVV_098

Bild 4
Abstrakte Darstellung mit Bildelementen aus
der Kategorie KONTUR
Image 4
Abstract depiction with picture elements from
the OUTLINE category

MPP_020   VVV_043   VVV_020   VVV_098

Bild 2
Image 2

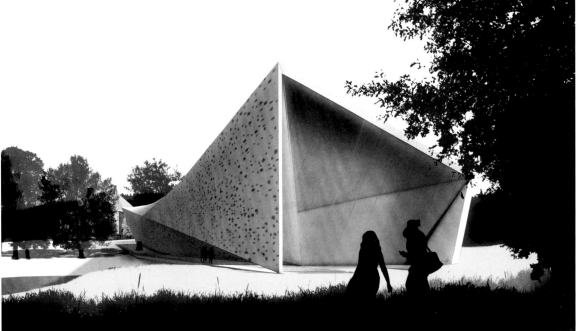

Bild 3
Image 3

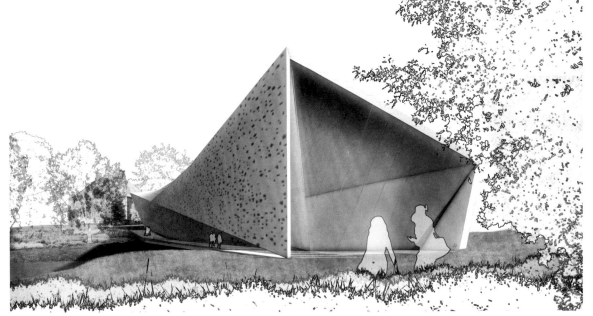

Bild 4
Image 4

ANWENDUNGSBEISPIELE
EXAMPLES

Bild 1
Rendering als Basis für die Erweiterung mit
Bildelementen
Image 1
Rendering as a basis for adding picture
elements

Bild 2
Fotorealistische Darstellung mit Bildelementen
aus der Kategorie FOTO
Image 2
Photorealistic depiction with picture elements
from the PHOTO category

MPP_034  AAA_015  AAA_040  AAA_092

Bild 3
Abstrakte Darstellung mit Bildelementen aus
der Kategorie SCHWARZFLÄCHEN
Image 3
Abstract depiction with picture elements from
the BLACK FIGURES category

MPP_034  AAA_015  AAA_040  AAA_092

Bild 4
Abstrakte Darstellung mit Bildelementen aus
der Kategorie KONTUR
Image 4
Abstract depiction with picture elements from
the OUTLINE category

MPP_034  AAA_015  AAA_040  AAA_092

Bild 2
Image 2

Bild 3
Image 3

Bild 4
Image 4

ANWENDUNGSBEISPIELE
EXAMPLES

Bild 1
Rendering als Basis für die Erweiterung mit
Bildelementen
Image 1
Rendering as a basis for adding picture
elements

Bild 2
Am Beispiel der Software Cinema 4D der
Firma Maxon wird vorgeführt, wie Elemente
mit einem Alphakanal ins Rendering integriert werden können. Hierzu werden die
Elemente durch einen Zur-Kamera-ausrichten-Expression automatisch in Richtung
der Kamera positioniert.
Image 2
Taking Maxon's Cinema 4D software as
an example, you can see how elements with
an alpha channel can be integrated into the
rendering process. To perform this operation,
elements are automatically positioned using
the function: align-to-camera-expression.

MPP_108    VVV_044    VVV_050    FCA_060

Bild 3 und 4
Weiterverarbeitung des Renderings in Grafik-
programmen wie z. B. Adobe Photoshop.
Image 3 and 4
Simplifying the process of rendering with a
graphics program, such as Adobe Photoshop.

VVV_044    VVV_044    FCA_060 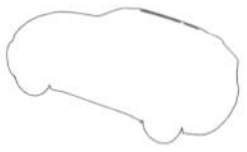   FCA_060

Bild 2
Image 2

Bild 3
Image 3

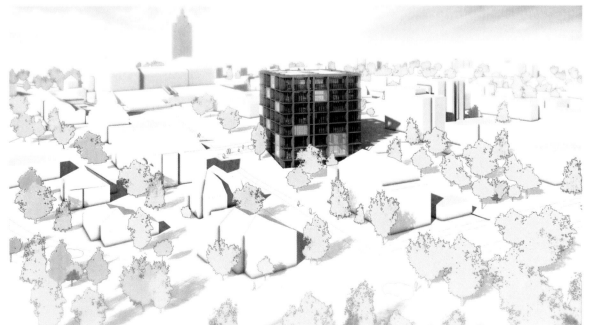

Bild 4
Image 4

MPP_003

MPP_002

MPP_001

MPP_007

MPP_006

MPP_004

MPP_005

MPP_008

MPP_009

MPP_010

MPP_011

MPP_012

MPP_013

MPP_014

_____ MPP_015

_____ MPP_016

_____ MPP_017

_____ MPP_018

_____ MPP_019

_____ MPP_020

MPP_021

MPP_022

MPP_023

MPP_024   MPP_025

MPP_026

MPP_027

MPP_028

MPP_029

MPP_030

MPP_031

FOTO PHOTO
Menschen People

124 – 145 ___ SCHWARZ BLACK
Menschen People

196 – 217 ___ KONTUR OUTLINE
Menschen People

_____ MPP_032

_____ MPP_033

_____ MPP_034

_____ MPP_035

_____ MPP_036

_____ MPP_037

_____ MPP_038

MPP_039

MPP_040

MPP_041

MPP_042

MPP_043

MPP_044

MPP_045

MPP_046

MPP_047

MPP_048

MPP_049

MPP_050

MPP_051

_____ MPP_052

_____ MPP_053

_____ MPP_054

_____ MPP_055

_____ MPP_056

_____ MPP_057

_____ MPP_058

_____ MPP_059

_____ MPP_060

_____ MPP_061   _____ MPP_062

_____ MPP_063

_____ MPP_064

_____ MPP_065

_____ MPP_066

_____ MPP_067

_____ MPP_068

_____ MPP_069

_____ MPP_070

_____ MPP_071

_____ MPP_072

_____ MPP_073

_____ MPP_074

_____ MPP_075

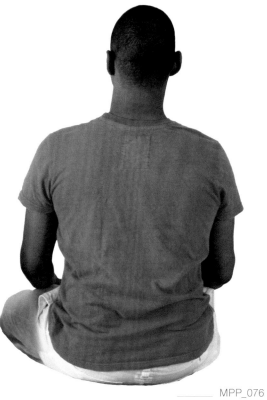

_____ MPP_077

_____ MPP_076

_____ MPP_079

_____ MPP_078

_____ MPP_080

_____ MPP_081

_____ MPP_082

_____ MPP_083

_____ MPP_084

_____ MPP_085

_____ MPP_086

_____ MPP_088

_____ MPP_087

_____ MPP_090

_____ MPP_091

_____ MPP_092

_____ MPP_089

_____ MPP_094

_____ MPP_095

_____ MPP_093

_____ MPP_096

_____ MPP_097

_____ MPP_098

_____ MPP_099

_____ MPP_100

_____ MPP_101   _____ MPP_102   _____ MPP_103

_____ MPP_104   _____ MPP_105   _____ MPP_106   _____ MPP_107

_____ MPP_108

MPP_110

MPP_109

MPP_111

MPP_112

MPP_113

MPP_114

FOTO PHOTO
Menschen People

124 – 145 _____ BIG WARP BLACK
Menschen People

196 – 217 _____ KONTUR OUTLINE
Menschen People

_____ MPP_115

_____ MPP_116

_____ MPP_117   _____ MPP_118   _____ MPP_119

_____ MPP_120

_____ MPP_121

_____ MPP_122

_____ MPP_123

_____ MPP_124

124–145 SCHWARZ BLACK
Menschen People

196–217 KONTUR OUTLINE
Menschen People

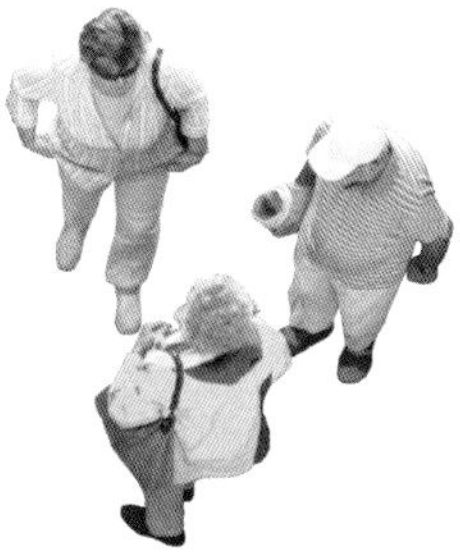

MPP_125

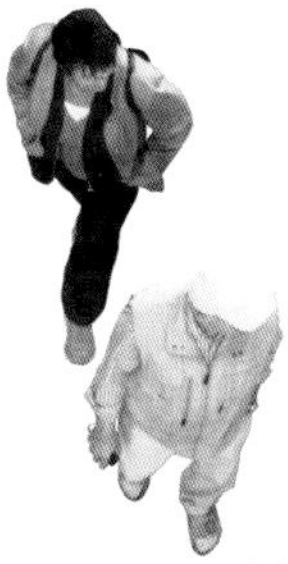

MPP_126

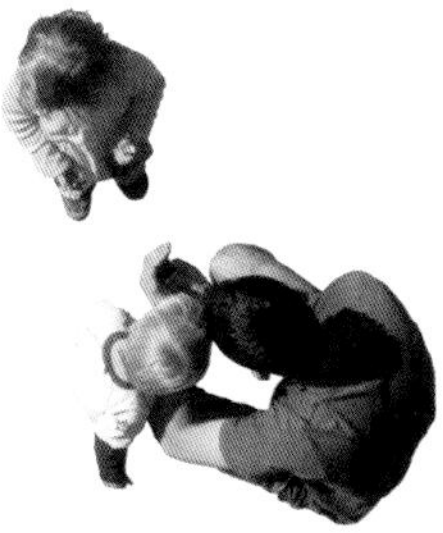

MPP_127

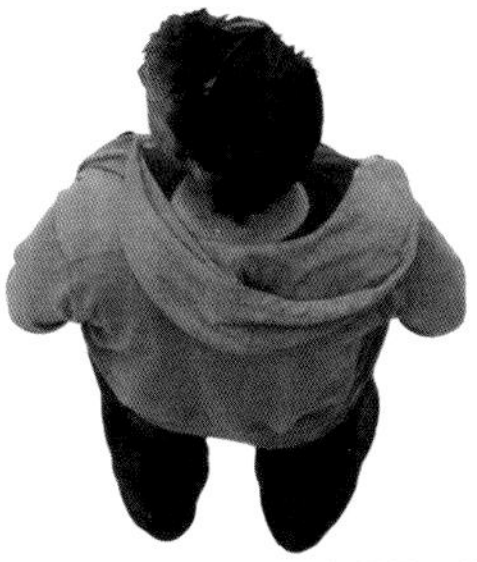

MPP_128

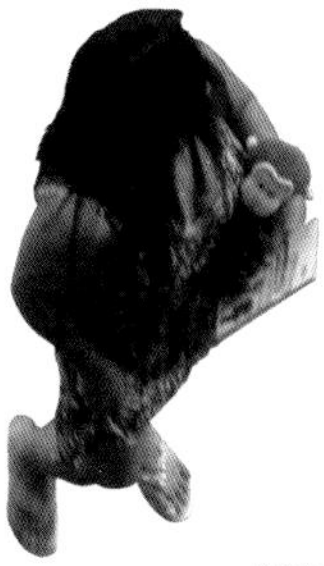

MPP_129

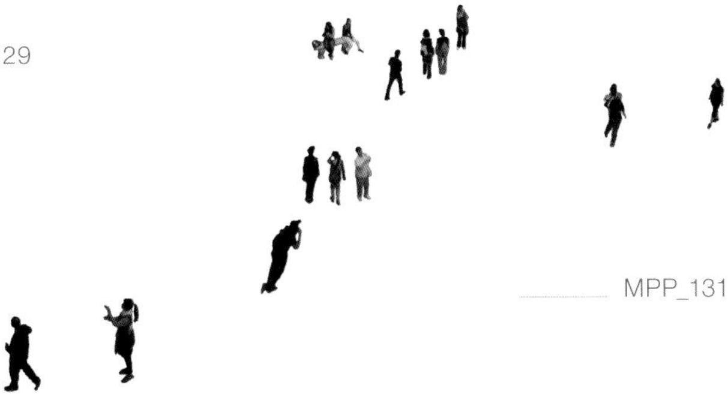

MPP_131

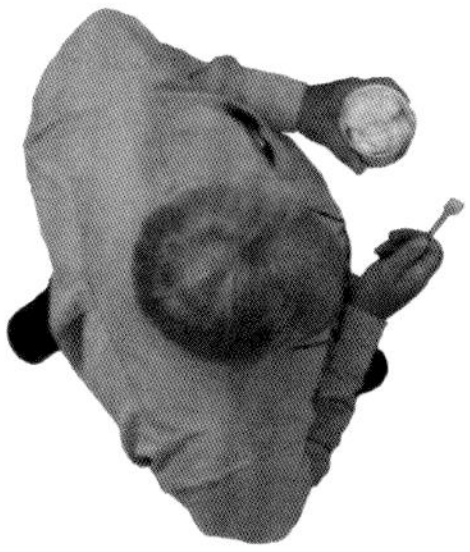

MPP_130

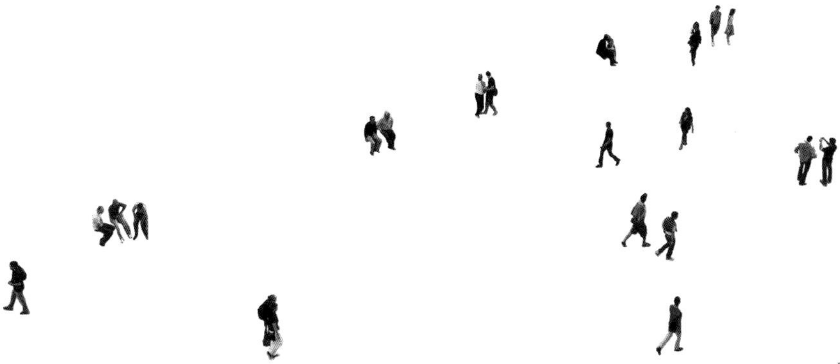

MPP_132

FOTO PHOTO
Vegetation Vegetation

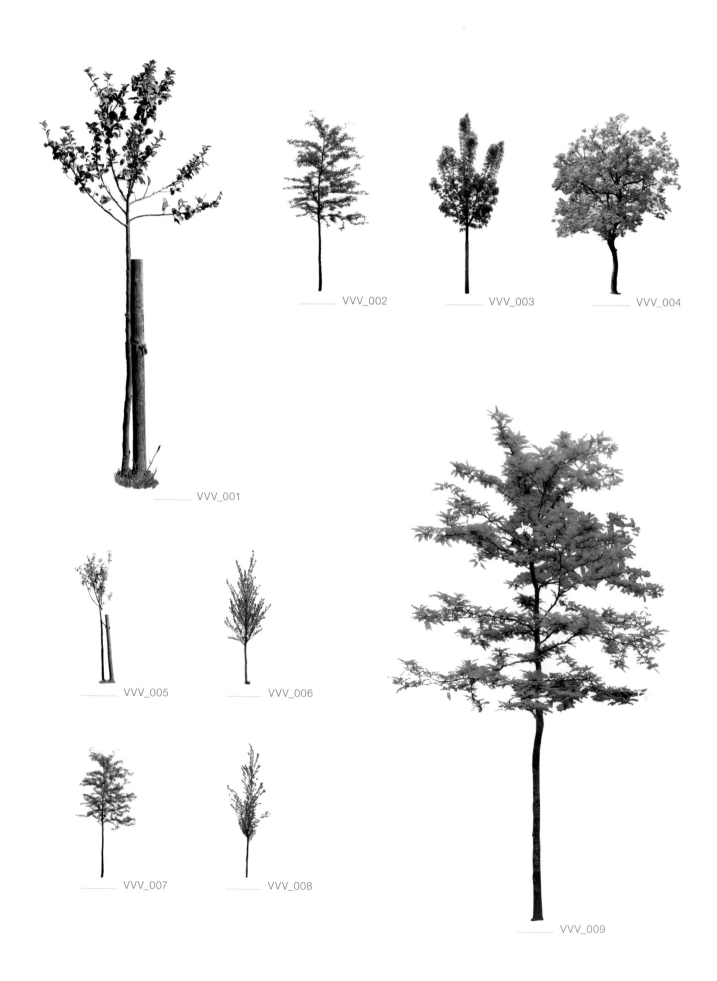

VVV_001

VVV_002

VVV_003

VVV_004

VVV_005

VVV_006

VVV_007

VVV_008

VVV_009

VVV_010

VVV_011

VVV_013

VVV_014

VVV_012

VVV_015

VVV_016

VVV_017

VVV_018

VVV_019

VVV_020

VVV_021

VVV_022

VVV_023

FOTO PHOTO
Vegetation Vegetation

146 – 163 _____ SCHWARZ BLACK
Vegetation Vegetation

218 – 235 _____ KONTUR OUTLINE
Vegetation Vegetation

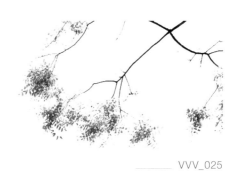

VVV_025

VVV_024

VVV_026

VVV_027

VVV_028

VVV_029

VVV_030

VVV_031

VVV_032

VVV_033

VVV_034

VVV_035

VVV_036

VVV_037

VVV_038

VVV_039

VVV_041

VVV_040

VVV_042

VVV_043

VVV_044

VVV_045

VVV_046

VVV_047

VVV_048

VVV_050

VVV_051

VVV_049

FOTO PHOTO
Vegetation Vegetation

146 – 163 BLACK

218 – 235

VVV_052

VVV_053

_____ VVV_054   _____ VVV_055   _____ VVV_056

_____ VVV_057   _____ VVV_058   _____ VVV_059

_____ VVV_060   _____ VVV_061

_____ VVV_062

_____ VVV_063   _____ VVV_064

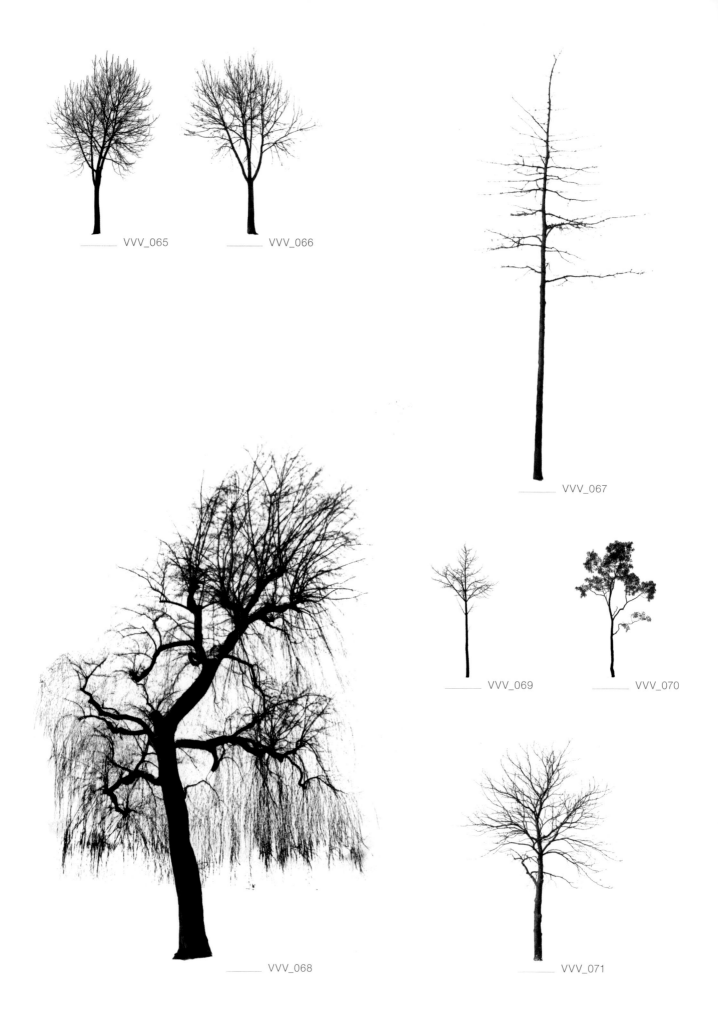

VVV_065

VVV_066

VVV_067

VVV_069

VVV_070

VVV_068

VVV_071

_____ VVV_072

_____ VVV_073

_____ VVV_074

_____ VVV_075

_____ VVV_076

_____ VVV_077

_____ VVV_078

_____ VVV_079

_____ VVV_080

_____ VVV_081

_____ VVV_082

_____ VVV_083

_____ VVV_084

_____ VVV_085

_____ VVV_086

_____ VVV_087

_____ VVV_088

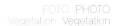

_____ VVV_089

_____ VVV_090

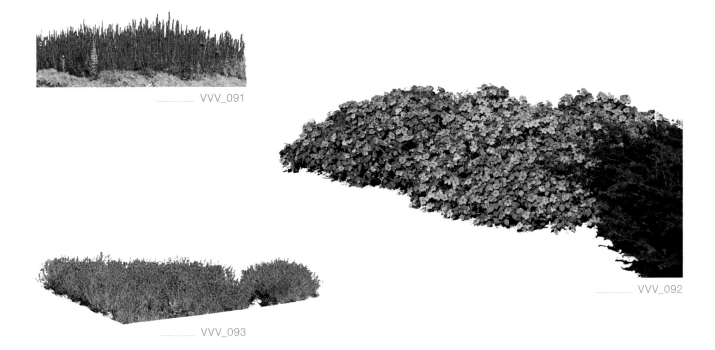

_____ VVV_091

_____ VVV_092

_____ VVV_093

_____ VVV_094

_____ VVV_095

_____ VVV_096

_____ VVV_097

_____ VVV_098

_____ VVV_099

_____ VVV_100

_____ VVV_101

_____ VVV_102

_____ VVV_103

_____ VVV_105

_____ VVV_104

_____ VVV_106

_____ VVV_107

_____ VVV_108

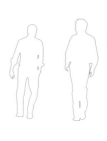

FOTO PHOTO
Fahrzeuge Cars

FCA_001

FCA_002

FCA_003

FCA_004

FCA_005

FCA_006

FCA_007

FCA_008

FCA_009

FCA_010

FCA_011

_____ FCA_012

_____ FCA_013

_____ FCA_014

_____ FCA_015

_____ FCA_016

_____ FCA_017

FCA_018

FCA_019

FCA_020

FCA_021

FCA_022

FCA_023

FCA_024

FCA_025

FCA_026

FCA_027

FCA_028

FCA_030

FCA_029

FCA_032

FCA_031

FCA_033

FCA_034

FCA_035

FCA_036

FCA_037

FCA_038

FCA_039

FCA_040

FCA_041

_____ FCA_042

_____ FCA_043

_____ FCA_044

_____ FCA_045

_____ FCA_046

_____ FCA_047

_____ FCA_048

_____ FCA_049

FCA_050

FCA_051

FCA_052

FCA_053

FCA_054

FCA_055

FCA_056

FCA_057

FCA_058

FCA_059

FCA_060

FCA_061

FCA_062

FCA_063

FCA_064

FOTO PHOTO
Fahrzeuge Cars

164 – 177
Fahrzeuge Cars

236 – 249
Fahrzeuge Cars

FCA_065

FCA_066

FCA_067

FCA_068

_____ FCA_069

_____ FCA_070

_____ FCA_071

_____ FCA_072

_____ FCA_073

_____ FCA_074

FCA_075

FCA_076

FCA_077

FCA_078

FCA_079

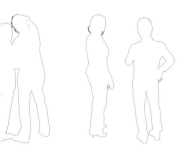

FOTO PHOTO
Accessoires Accessories

AAA_001

AAA_002

AAA_003

AAA_004

AAA_005

AAA_006

AAA_007

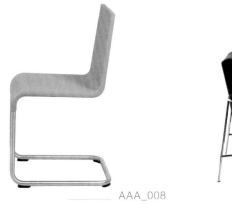

AAA_008

AAA_009

AAA_011

AAA_010

AAA_012

AAA_013

AAA_014

AAA_015

AAA_016

AAA_017

AAA_018

AAA_019

AAA_020

AAA_021

AAA_022

AAA_023

AAA_024

AAA_025

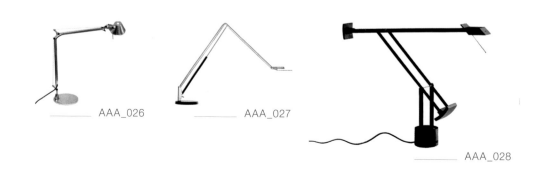

AAA_026

AAA_027

AAA_028

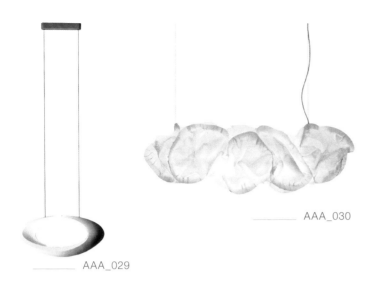

AAA_030

AAA_031

AAA_029

AAA_032

AAA_033

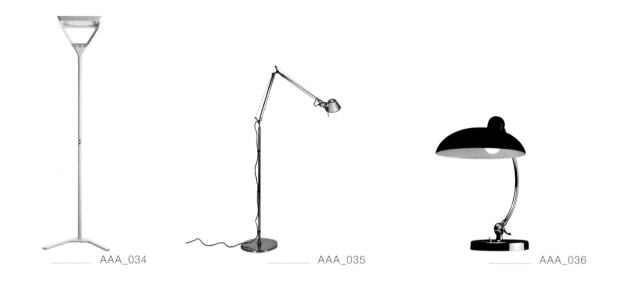

AAA_034

AAA_035

AAA_036

AAA_037

AAA_038

AAA_039

_____ AAA_040

_____ AAA_041

_____ AAA_042

FOTO PHOTO
Accessoires Accessories

178 – 195 ____ TONHALLE BLACK
Accessoires Accessories

250 – 267 ____ ART-OF-OUTLINE
Accessoires Accessories

_____ AAA_043

_____ AAA_044

_____ AAA_045

_____ AAA_046

_____ AAA_047

_____ AAA_048

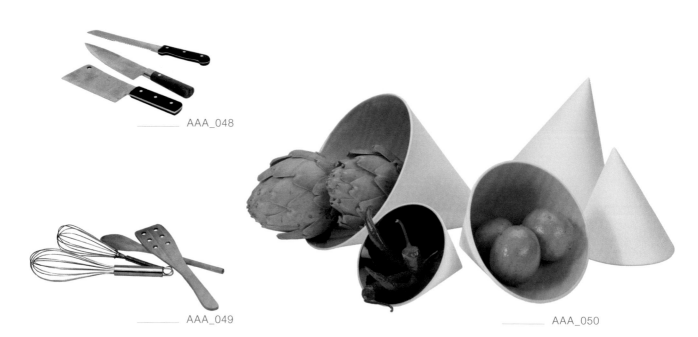

_____ AAA_049

_____ AAA_050

_____ AAA_051

_____ AAA_052

_____ AAA_053

_____ AAA_054

_____ AAA_055

AAA_056

AAA_057

AAA_058

AAA_059

AAA_060

FOTO PHOTO
Accessoires Accessories

178-195

250-267

AAA_061

AAA_062

AAA_063

AAA_064

AAA_065

AAA_069

AAA_070

AAA_066

AAA_067

AAA_068

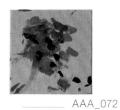

_____ AAA_072

_____ AAA_071

_____ AAA_073

_____ AAA_074

_____ AAA_075

_____ AAA_076

_____ AAA_077

_____ AAA_078

_____ AAA_079

_____ AAA_080

_____ AAA_081

_____ AAA_082

_____ AAA_083

_____ AAA_085

_____ AAA_084

AAA_086

AAA_087

AAA_088

AAA_091

AAA_089

AAA_090

AAA_092

AAA_093

AAA_094

AAA_095

AAA_096

AAA_097

AAA_098

AAA_099

AAA_100

AAA_101

AAA_102

AAA_104

AAA_103

AAA_105

AAA_106

AAA_108

AAA_107

FOTO PHOTO
Himmel Sky

HSC_001

HSC_002

HSC_003

HSC_004

HSC_005

HSC_006

HSC_007

_____ HSC_008

_____ HSC_009

_____ HSC_010

_____ HSC_011

_____ HSC_012

HSC_013

HSC_014

HSC_015

HSC_016

HSC_017

HSC_018

HSC_019

_____ HSC_020

_____ HSC_021

_____ HSC_022

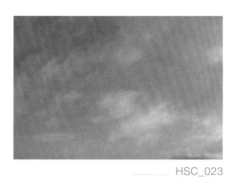

_____ HSC_024

_____ HSC_025

_____ HSC_023

_____ HSC_026

_____ HSC_027

_____ HSC_028

_____ HSC_029

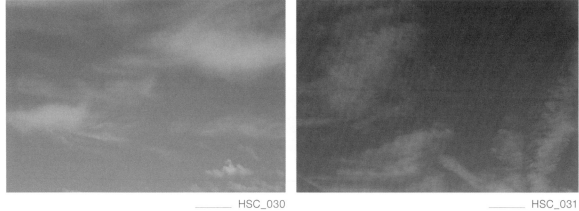

_____ HSC_030

_____ HSC_031

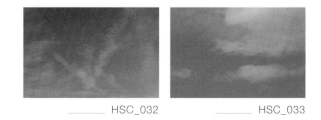

_____ HSC_032

_____ HSC_033

_____ HSC_034

_____ HSC_036

_____ HSC_037

_____ HSC_035

_____ HSC_038   _____ HSC_039

HSC_040

HSC_041

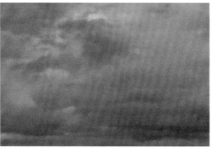
HSC_042

HSC_043

HSC_044

_____ HSC_045

_____ HSC_046

_____ HSC_048

_____ HSC_047

_____ HSC_049

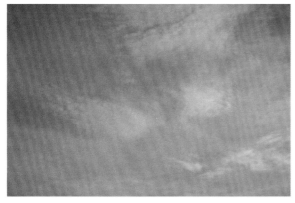

FOTO PHOTO
Himmel Sky

_____ HSC_050

HSC_051

HSC_052

HSC_053

HSC_054

HSC_055

HSC_056

_____ HSC_057

_____ HSC_058

_____ HSC_059

_____ HSC_060

_____ HSC_061

_____ HSC_062

_____ HSC_063

_____ HSC_064

_____ HSC_065

_____ HSC_066

_____ HSC_067

_____ HSC_068

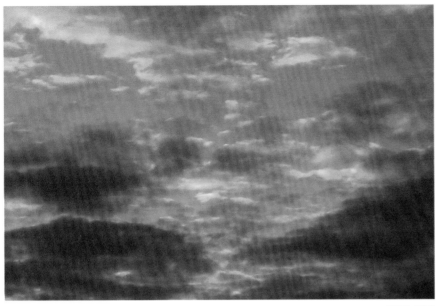

_____ HSC_070

_____ HSC_069

_____ HSC_071

_____ HSC_073

_____ HSC_072

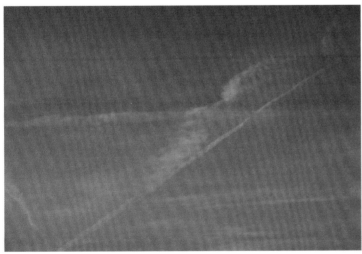

_____ HSC_075

_____ HSC_076

_____ HSC_074

_____ HSC_077

_____ HSC_078

_____ HSC_079

_____ HSC_080

_____ HSC_081

_____ HSC_082

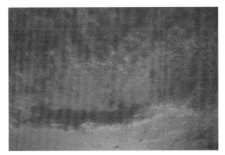

_____ HSC_083   _____ HSC_084

_____ HSC_085

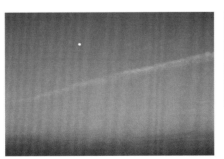

_____ HSC_088

_____ HSC_086   _____ HSC_087

_____ HSC_089

FOTO PHOTO
Strukturen Structures

_____ MMM_001

_____ MMM_002

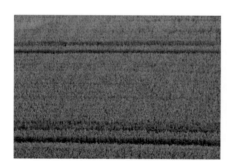

_____ MMM_003

_____ MMM_004

_____ MMM_005

_____ MMM_006

_____ MMM_007

_____ MMM_008

_____ MMM_009

_____ MMM_011

_____ MMM_010

_____ MMM_012

MMM_013

MMM_014

MMM_015

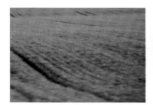

MMM_016

MMM_017

MMM_018

_____ MMM_019

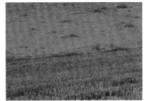

_____ MMM_020

_____ MMM_021

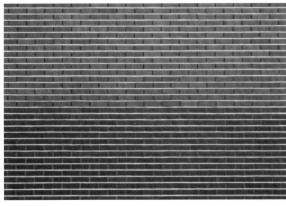

_____ MMM_022

_____ MMM_023

_____ MMM_024

_____ MMM_025

_____ MMM_026

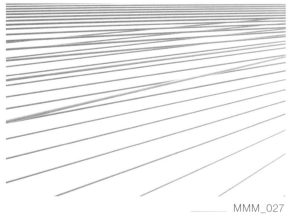

_____ MMM_027

_____ MMM_028

_____ MMM_029

_____ MMM_030

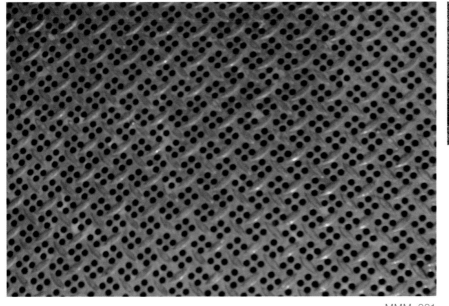

_____ MMM_032

_____ MMM_031

_____ MMM_033   _____ MMM_034

_____ MMM_036

_____ MMM_035

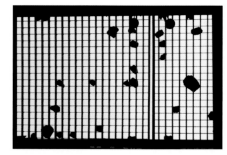
MMM_037

MMM_038

MMM_039

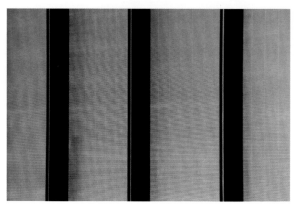
MMM_040

MMM_041

MMM_042

MMM_043

MMM_044

_____ MMM_045

_____ MMM_046

_____ MMM_047

_____ MMM_048

_____ MMM_049

_____ MMM_050

_____ MMM_051

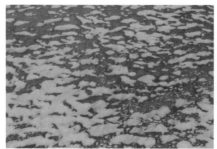

_____ MMM_052

_____ MMM_053

_____ MMM_054

_____ MMM_055

_____ MMM_056

_____ MMM_057

_____ MMM_059

_____ MMM_058

_____ MMM_060

_____ MMM_061

_____ MMM_062

_____ MMM_063

_____ MMM_064

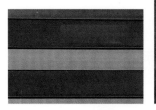

MMM_065

MMM_066

MMM_067

MMM_068

MMM_069

MMM_070

MMM_071

_____ MMM_072

_____ MMM_073

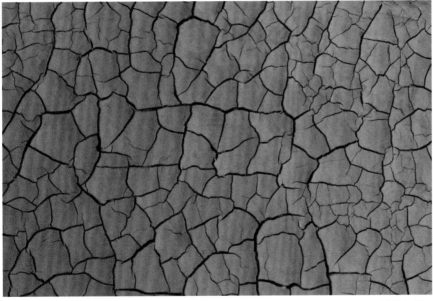

_____ MMM_074

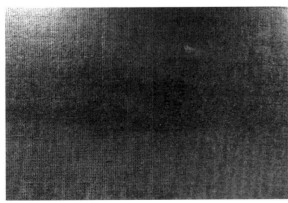

_____ MMM_075

_____ MMM_076

_____ MMM_077

_____ MMM_078

_____ MMM_079

_____ MMM_080

_____ MMM_081

_____ MMM_082

_____ MMM_083

_____ MMM_084

_____ MMM_085

_____ MMM_086

_____ MMM_087

_____ MMM_088

_____ MMM_089

_____ MMM_090

MPP_003

MPP_002

MPP_001

MPP_007

MPP_006

MPP_004

MPP_005

MPP_008

MPP_009

020–041 ___ FOTO PHOTO
Menschen People

SCHWARZ BLACK
Menschen People

196–217 ___ KONTUR OUTLINE
Menschen People

MPP_010

MPP_011

MPP_014

MPP_012

MPP_013

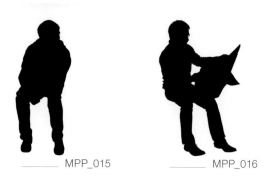

MPP_015   MPP_016

MPP_017

MPP_018

MPP_019

MPP_020

MPP_021

020–041 _ FOTO PHOTO
Menschen People

SCHWARZ BLACK
Menschen People

196–217 _ KONTUR OUTLINE
Menschen People

MPP_022

MPP_023

MPP_024

MPP_025

MPP_026

MPP_027

MPP_028

MPP_029

MPP_030

MPP_031

020–041 FOTO PHOTO
Menschen People

SCHWARZ BLACK
Menschen People

196–217 OUTLINE
Menschen People

MPP_032

MPP_033

MPP_034

MPP_035

MPP_036

MPP_037

MPP_038

MPP_040

MPP_041

MPP_039

MPP_044

MPP_042

MPP_043

MPP_045

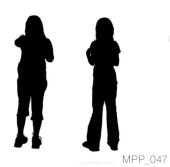

020–041   FOTO PHOTO
Menschen People

SCHWARZ BLACK
Menschen People

196–217   OUTLINE OUTLINE
Menschen People

MPP_046

MPP_047

MPP_048

MPP_049

MPP_050

MPP_051

_____ MPP_052   _____ MPP_053

_____ MPP_054

_____ MPP_055   _____ MPP_056

MPP_057

_____ MPP_058   _____ MPP_059   _____ MPP_060

020–041   FARB PHOTO
Menschen People

SCHWARZ BLACK
Menschen People

196–217   KONTUR OUTLINE
Menschen People

MPP_061

MPP_062

MPP_063

MPP_064

MPP_065

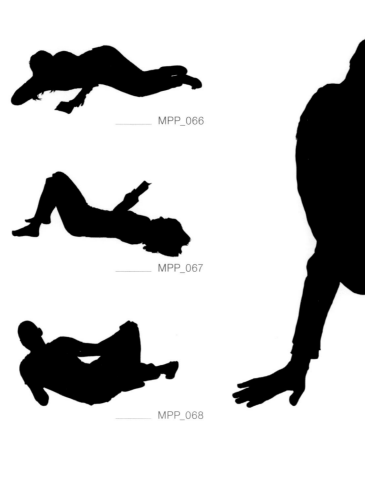

_____ MPP_066

_____ MPP_067

_____ MPP_068

_____ MPP_069

_____ MPP_070

_____ MPP_071

_____ MPP_072

_____ MPP_073

_____ MPP_074

020 – 041 _____ FOTO PHOTO
Menschen People

SCHWARZ BLACK
Menschen People

196 – 217 _____ KONTUR OUTLINE
Menschen People _____

_____ MPP_075

_____ MPP_077

_____ MPP_076

_____ MPP_079

_____ MPP_078

_____ MPP_080

MPP_081

MPP_082

MPP_083

MPP_085

MPP_084

MPP_086

_____ MPP_088

_____ MPP_087

_____ MPP_090

_____ MPP_091

_____ MPP_092

_____ MPP_089

_____ MPP_094

_____ MPP_095

_____ MPP_093

_____ MPP_096

_____ MPP_097

_____ MPP_098

_____ MPP_099

_____ MPP_100

020–041 — FARBE PHOTO
Menschen People

SCHWARZ BLACK
Menschen People

196–217 — SCHWARZ OUTLINE
Menschen People

_____ MPP_101

_____ MPP_102

_____ MPP_103

_____ MPP_104

_____ MPP_105

_____ MPP_106

_____ MPP_107

_____ MPP_108

MPP_109

MPP_110

MPP_111

MPP_112

MPP_113

MPP_114

020–041 ___ FOTO PHOTO
Menschen People

SCHWARZ BLACK
Menschen People

196–217 ___ KONTUR OUTLINE
Menschen People

_____ MPP_115

_____ MPP_116

MPP_117   _____ MPP_118   _____ MPP_119

_____ MPP_120

_____ MPP_121

_____ MPP_122

_____ MPP_123

_____ MPP_124

020–041 ____ FOTO PHOTO
Menschen People

SCHWARZ BLACK
Menschen People

196–217 ____ KONTUR OUTLINE
Menschen People

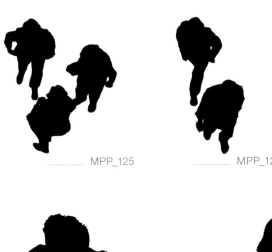

_____ MPP_125

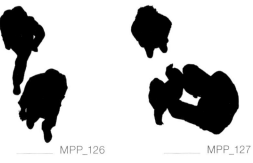

_____ MPP_126 _____ MPP_127

_____ MPP_128 _____ MPP_129

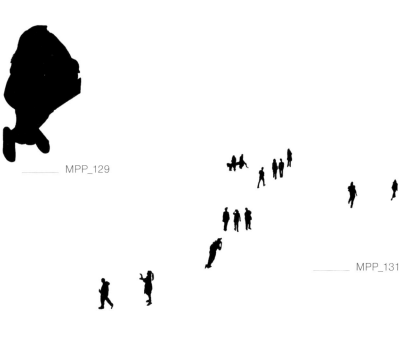

_____ MPP_131

_____ MPP_130

_____ MPP_132

SCHWARZ BLACK
Vegetation Vegetation

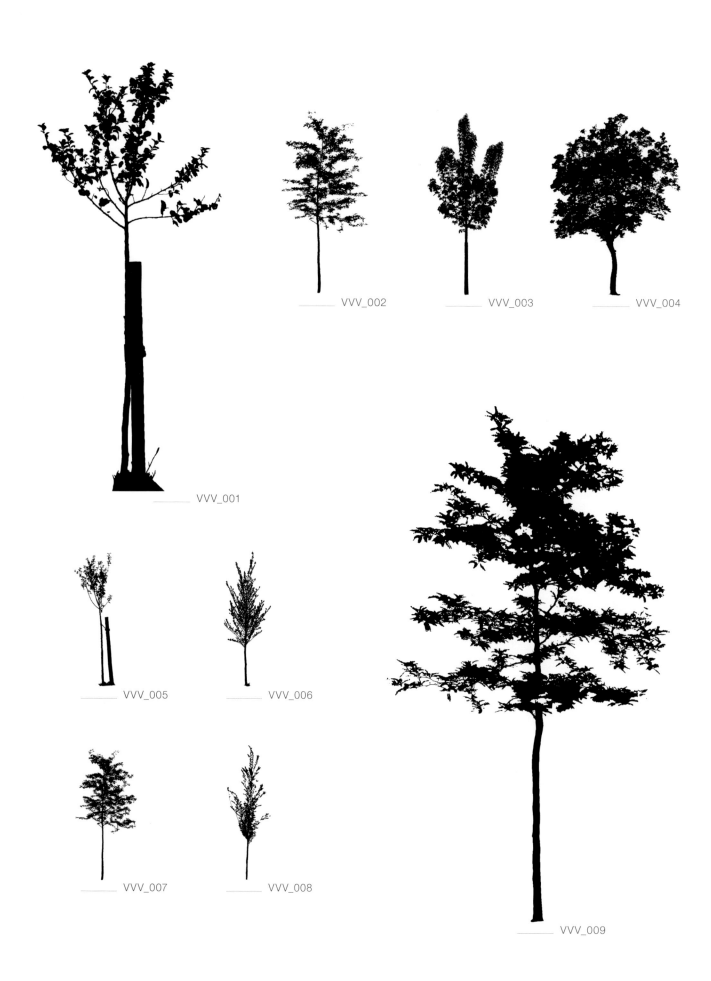

VVV_002

VVV_003

VVV_004

VVV_001

VVV_005

VVV_006

VVV_007

VVV_008

VVV_009

VVV_010

VVV_011

042–059 _____ PHOTO
Vegetation Vegetation

SCHWARZ BLACK
Vegetation Vegetation

218–235 _____ KONTUR OUTLINE
Vegetation Vegetation

VVV_013

VVV_014

VVV_012

VVV_015

VVV_016

VVV_017

VVV_018

VVV_019

VVV_020

VVV_021

VVV_022

VVV_023

042–059 _____ PHOTO
Vegetation Vegetation

SCHWARZ BLACK
Vegetation Vegetation

218–235 _____ OUTLINE
Vegetation Vegetation

VVV_024

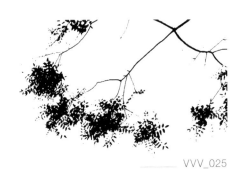

VVV_025

VVV_026

VVV_027

VVV_028

VVV_029

VVV_030

VVV_031

VVV_032

VVV_033

VVV_034

VVV_035

VVV_036

VVV_037

VVV_038   VVV_039

VVV_040   VVV_041

VVV_042

VVV_043

VVV_044

VVV_045

VVV_046

VVV_047

VVV_048

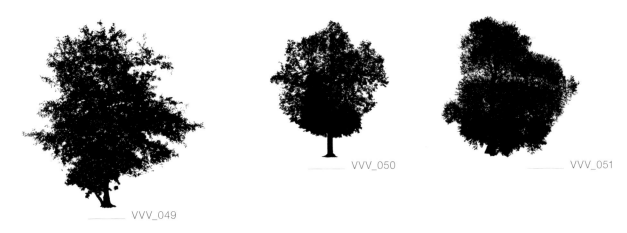

VVV_049

VVV_050

VVV_051

VVV_052

VVV_053

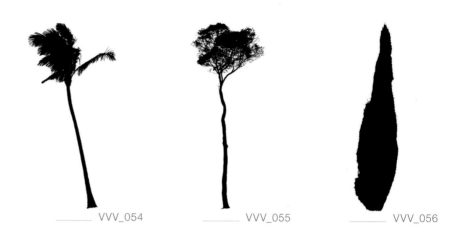

_____ VVV_054   _____ VVV_055   _____ VVV_056

_____ VVV_057   _____ VVV_058   _____ VVV_059

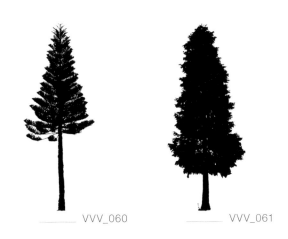

_____ VVV_060   _____ VVV_061

_____ VVV_062

_____ VVV_063   _____ VVV_064

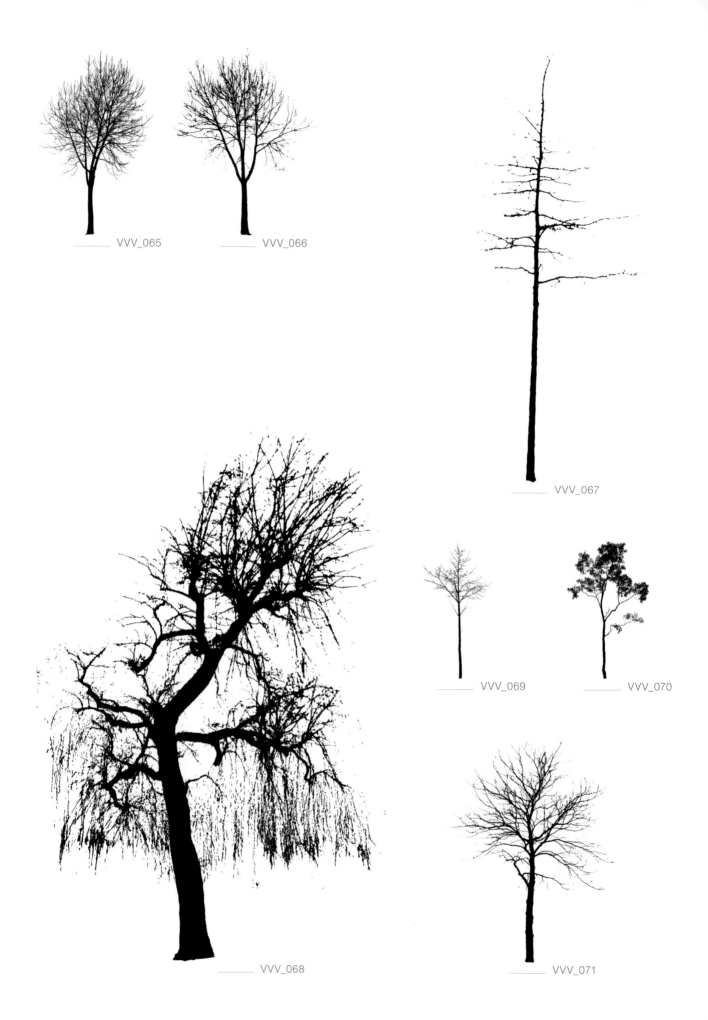

VVV_065

VVV_066

VVV_067

VVV_069

VVV_070

VVV_068

VVV_071

_____ VVV_072

_____ VVV_073

_____ VVV_074

_____ VVV_075

_____ VVV_076

_____ VVV_077

_____ VVV_078

_____ VVV_079

_____ VVV_080

_____ VVV_081

_____ VVV_082

_____ VVV_083

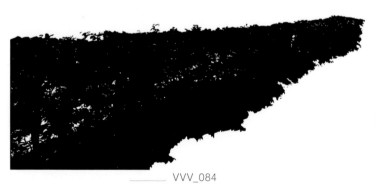

_____ VVV_084

_____ VVV_085

_____ VVV_086

_____ VVV_087

_____ VVV_088

042–059 _____ FOTO PHOTO
Vegetation Vegetation _____ _____

SCHWARZ BLACK
Vegetation Vegetation

218–235 _____ OUTLINE
Vegetation Vegetation

_____ VVV_089

_____ VVV_090

_____ VVV_091

_____ VVV_092

_____ VVV_093

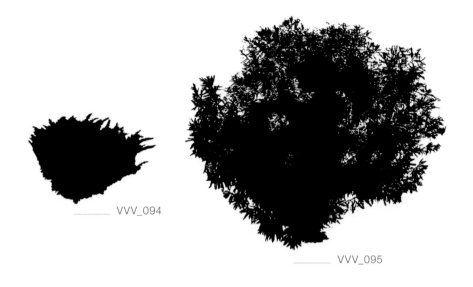

_____ VVV_094

_____ VVV_095

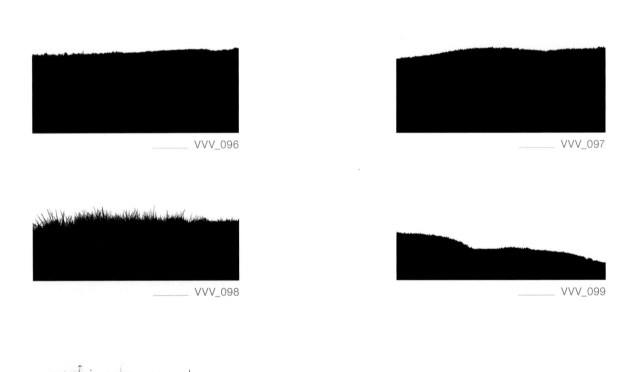

_____ VVV_096

_____ VVV_097

_____ VVV_098

_____ VVV_099

_____ VVV_100

_____ VVV_101

_____ VVV_102

_____ VVV_103

042 – 059 _____ DATA PHOTO
Vegetation Vegetation

SCHWARZ BLACK
Vegetation Vegetation

218 – 235 _____ DATA OUTLINE
Vegetation Vegetation

_____ VVV_105

_____ VVV_106

_____ VVV_104

_____ VVV_107

_____ VVV_108

060–073 FOTO PHOTO
Fahrzeuge Cars

236–249 KONTUR OUTLINE
Fahrzeuge Cars

SCHWARZ BLACK
Fahrzeuge Cars

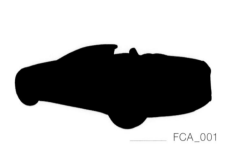

FCA_001

FCA_002

FCA_003

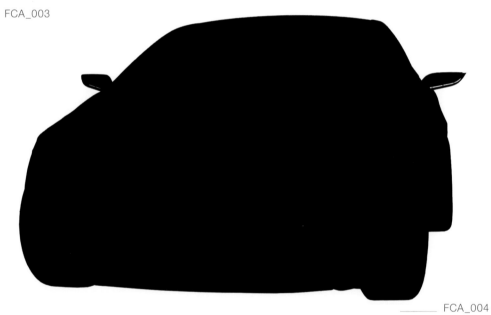

FCA_004

FCA_005

FCA_006

FCA_007

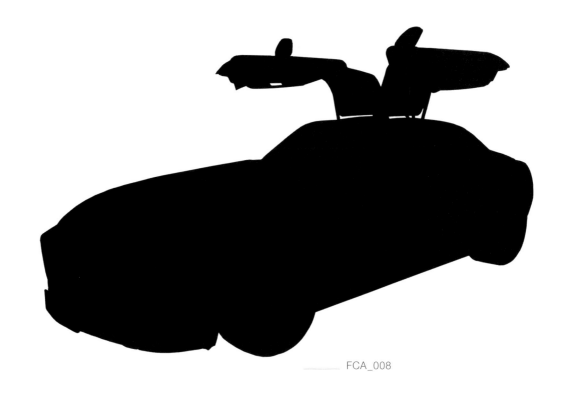

_____ FCA_008

_____ FCA_009

_____ FCA_010

_____ FCA_011

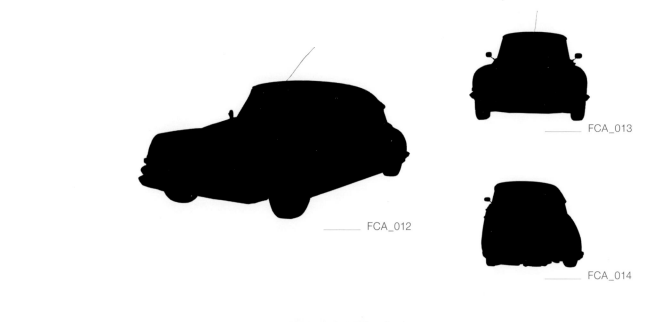

FCA_012

FCA_013

FCA_014

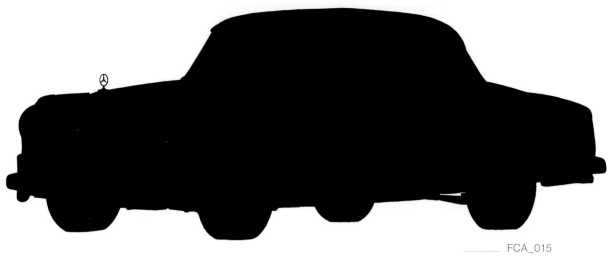

FCA_015

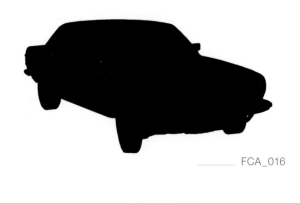

FCA_016

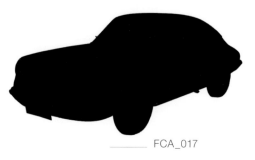

FCA_017

FCA_018

FCA_019

FCA_020

FCA_021

FCA_022

FCA_023

FCA_024

FCA_025

FCA_026

FCA_027

FCA_028

FCA_029

FCA_030

FCA_031

FCA_032

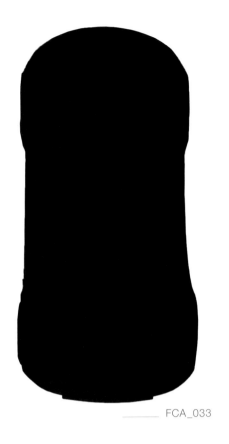

_____ FCA_033

_____ FCA_034

_____ FCA_035

_____ FCA_036

_____ FCA_037

_____ FCA_038

_____ FCA_039

_____ FCA_040

_____ FCA_041

FCA_042

FCA_043

FCA_044

FCA_045

FCA_046

FCA_047

FCA_048

FCA_049

FCA_050

FCA_051

FCA_052

FCA_053

FCA_054

_____ FCA_055

_____ FCA_056

_____ FCA_057

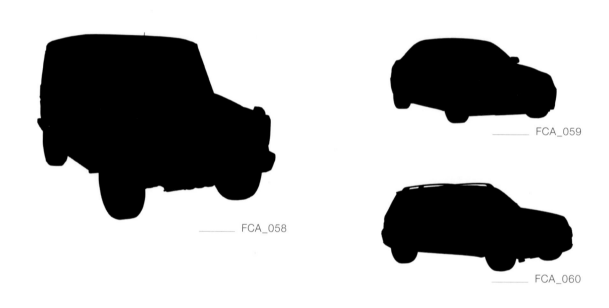

_____ FCA_058

_____ FCA_059

_____ FCA_060

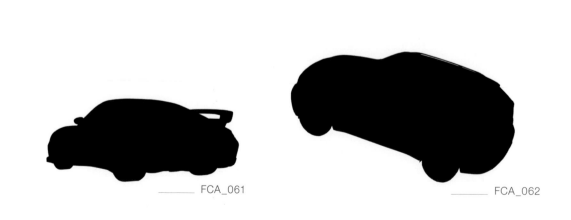

_____ FCA_061

_____ FCA_062

_____ FCA_063

_____ FCA_064

_____ FCA_065

_____ FCA_066

_____ FCA_067

_____ FCA_068

_____ FCA_069

_____ FCA_070

_____ FCA_071

_____ FCA_072

_____ FCA_073

_____ FCA_074

FCA_076

FCA_075

FCA_077

FCA_078

FCA_079

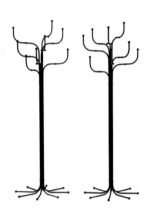

SCHWARZ BLACK
Accessoires Accessories

AAA_001

AAA_002

AAA_003

AAA_004

AAA_005

AAA_006

AAA_007

AAA_008

AAA_009

AAA_010

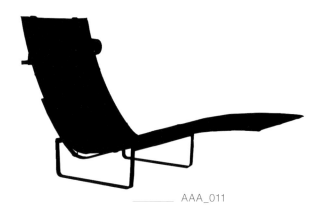

AAA_011

AAA_012

_____ AAA_013

_____ AAA_014

AAA_015

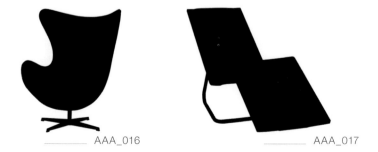

_____ AAA_016

_____ AAA_017

_____ AAA_018

_____ AAA_019

_____ AAA_021

_____ AAA_020

_____ AAA_022

_____ AAA_023

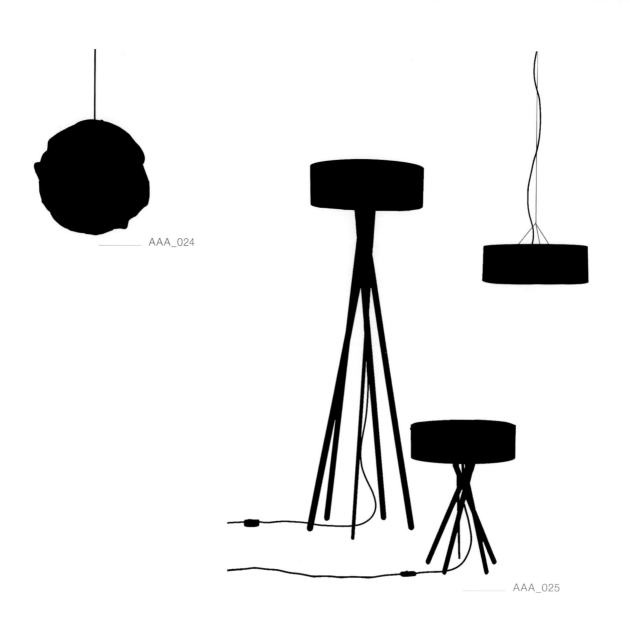

AAA_024

AAA_025

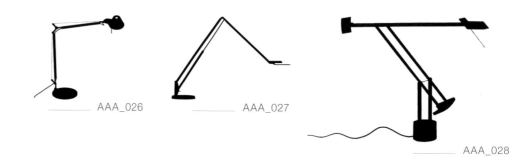

AAA_026

AAA_027

AAA_028

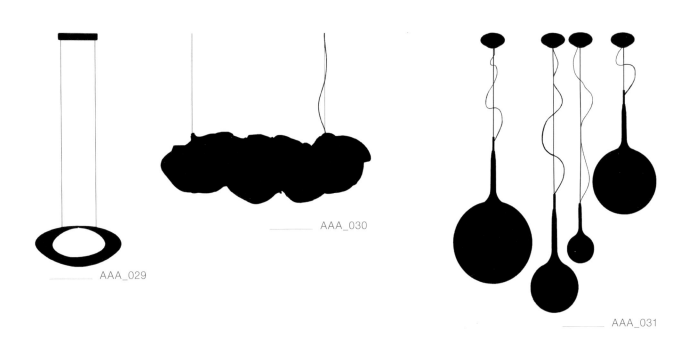

AAA_030

AAA_029

AAA_031

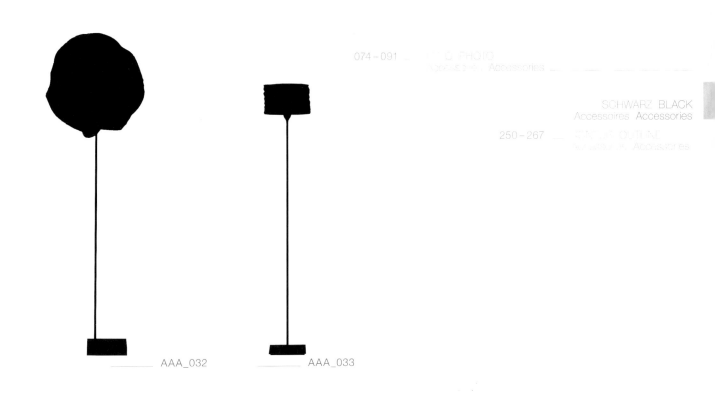

AAA_032

AAA_033

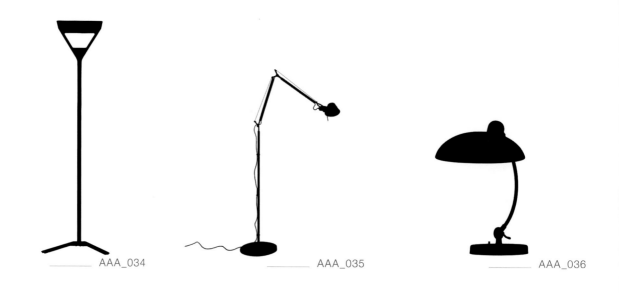

AAA_034

AAA_035

AAA_036

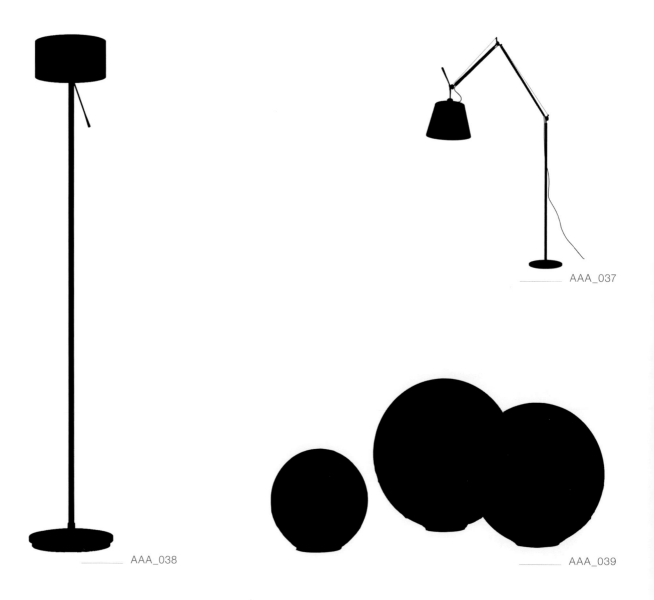

AAA_037

AAA_038

AAA_039

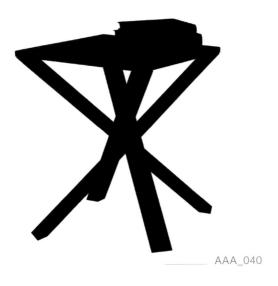

_____ AAA_040

_____ AAA_041

_____ AAA_042

_____ AAA_043

_____ AAA_044

_____ AAA_045

AAA_046

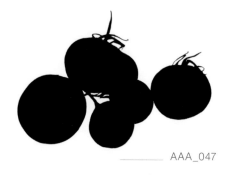

AAA_047

AAA_048

AAA_050

AAA_049

AAA_051

AAA_052

AAA_053

AAA_054

AAA_055

_____ AAA_056

_____ AAA_057

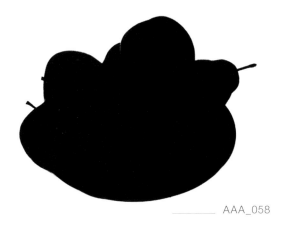

_____ AAA_058

_____ AAA_059

_____ AAA_060

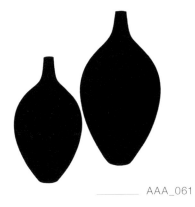

_____ AAA_061

_____ AAA_062

_____ AAA_063

_____ AAA_064

_____ AAA_065

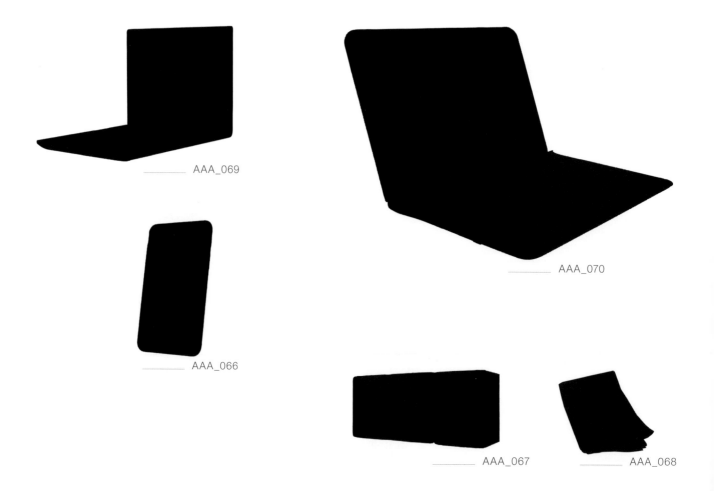

_____ AAA_069

_____ AAA_070

_____ AAA_066

_____ AAA_067

_____ AAA_068

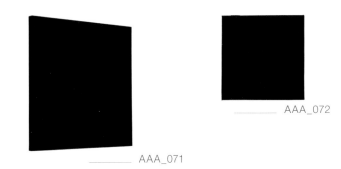

AAA_071

AAA_072

AAA_073

AAA_074

AAA_075

AAA_076

AAA_077

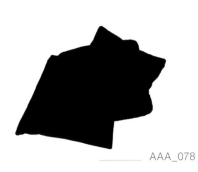

AAA_078

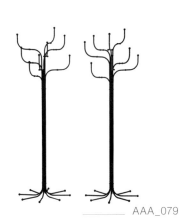

AAA_079

AAA_080

AAA_081

AAA_082

AAA_083

AAA_085

AAA_084

_____ AAA_086

_____ AAA_087

_____ AAA_088

_____ AAA_089

_____ AAA_090

_____ AAA_091

074 – 091 ___ FOTO PHOTO
Accessoires Accessories

SCHWARZ BLACK
Accessoires Accessories

250 – 267 ___ KONTUR OUTLINE
Accessoires Accessories

_____ AAA_092

_____ AAA_093

_____ AAA_094

_____ AAA_095

_____ AAA_096

_____ AAA_097

_____ AAA_098

_____ AAA_099

_____ AAA_100

_____ AAA_101

_____ AAA_102

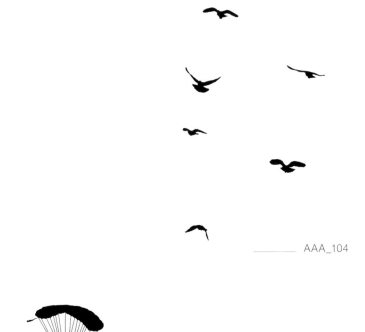

_____ AAA_104

_____ AAA_103

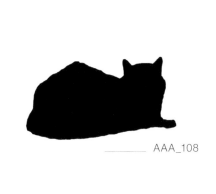

_____ AAA_105

_____ AAA_106

074 – 091 ____ LICHT PHOTO
Accessoires Accessories _____

SCHWARZ BLACK
Accessoires Accessories

250 – 267 ____ KONTUR OUTLINE
Accessoires Accessories

_____ AAA_108

_____ AAA_107

KONTUR OUTLINE
Menschen People

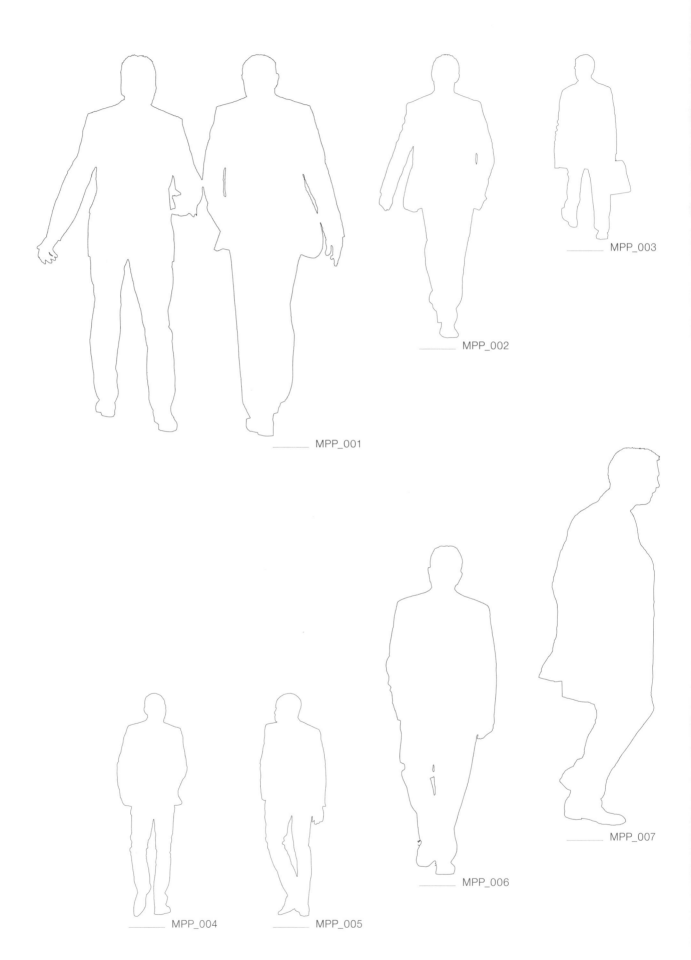

MPP_003

MPP_002

MPP_001

MPP_004

MPP_005

MPP_006

MPP_007

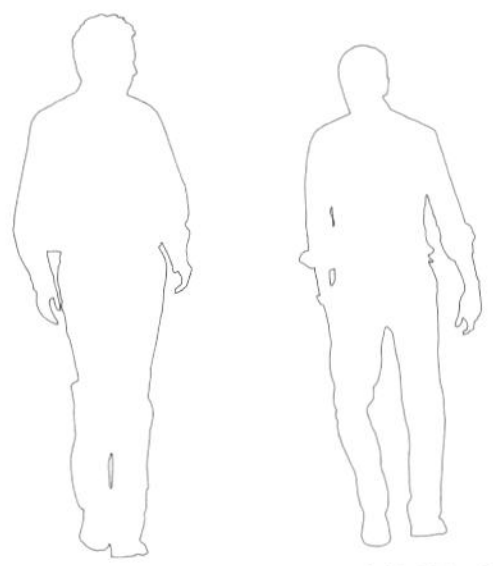

MPP_008

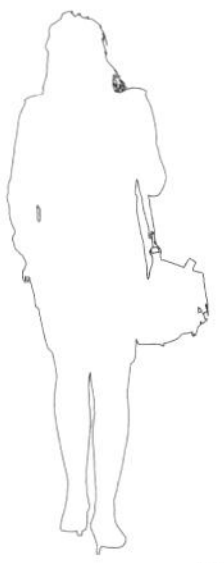

MPP_009

KONTUR OUTLINE
Menschen People

MPP_010

MPP_011

MPP_012

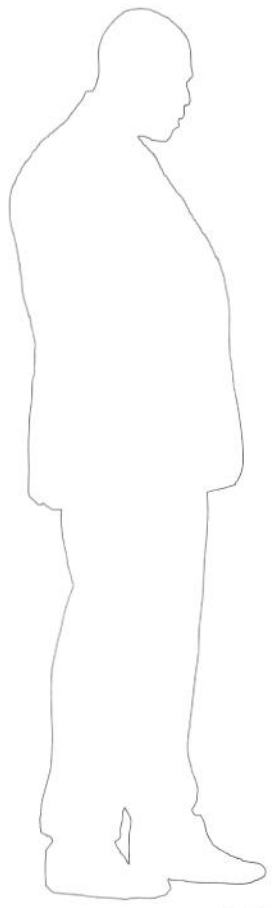

MPP_013

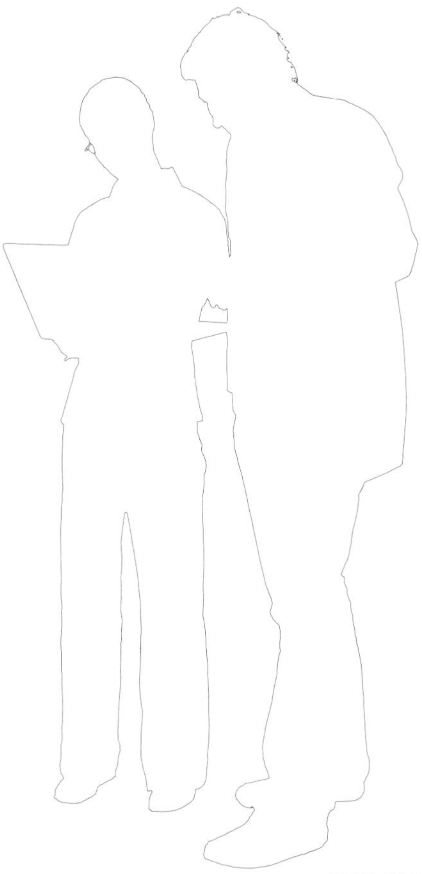

MPP_014

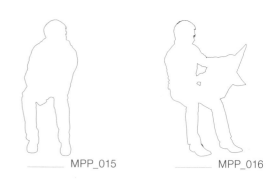

_____ MPP_015   _____ MPP_016

_____ MPP_017

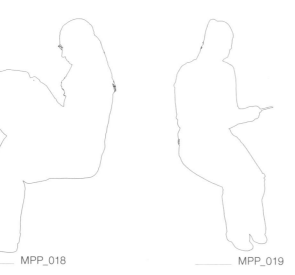

_____ MPP_018   _____ MPP_019

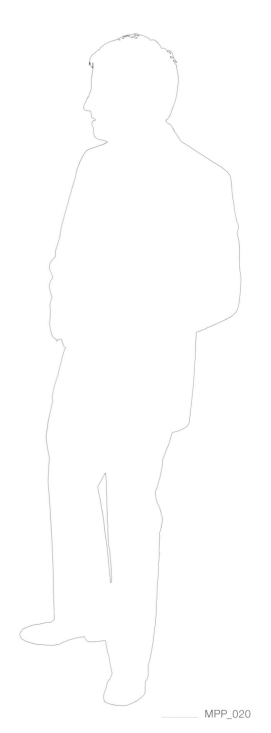

_____ MPP_020

MPP_021

020–041 ___ FOTO PHOTO
Menschen People

124–145 ___ KONTUR BLACK
Menschen People

KONTUR OUTLINE
Menschen People

MPP_022

MPP_023

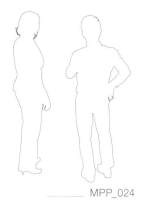

MPP_024

MPP_025

MPP_026

MPP_027

MPP_028

MPP_029

MPP_030

MPP_031

020–041 ___ FOTO PHOTO
Menschen People

124–145 ___ SCHWARZ BLACK
Menschen People

KONTUR OUTLINE
Menschen People

_____ MPP_032

_____ MPP_033

_____ MPP_034

_____ MPP_035

_____ MPP_036

_____ MPP_037

_____ MPP_038

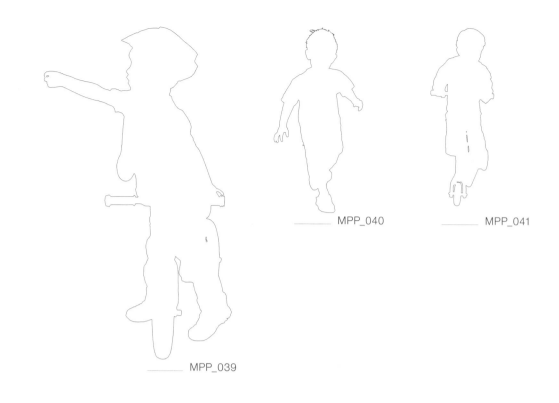

_____ MPP_040

_____ MPP_041

_____ MPP_039

_____ MPP_044

_____ MPP_042

_____ MPP_043

_____ MPP_045

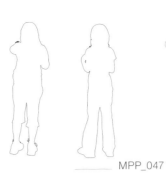

MPP_046

MPP_047

MPP_048

MPP_049

MPP_050

MPP_051

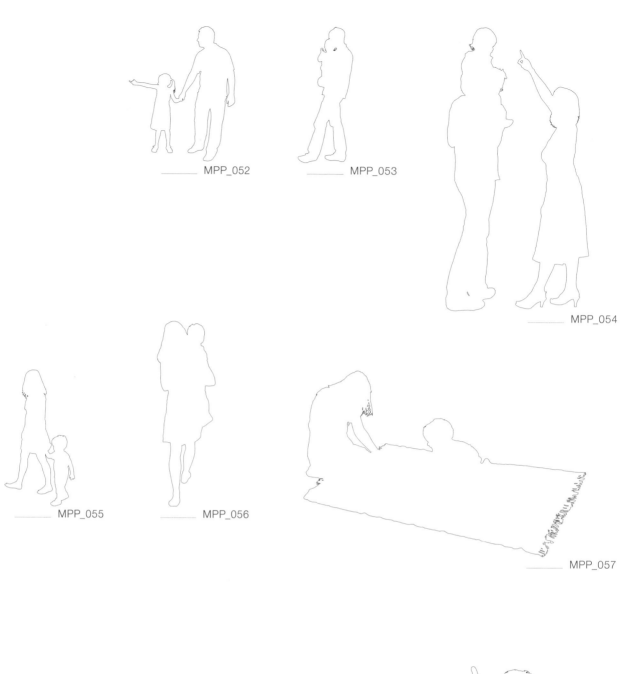

_____ MPP_052

_____ MPP_053

_____ MPP_054

_____ MPP_055

_____ MPP_056

_____ MPP_057

_____ MPP_058

_____ MPP_059

_____ MPP_060

_____ MPP_061

_____ MPP_062

_____ MPP_063

_____ MPP_064

_____ MPP_065

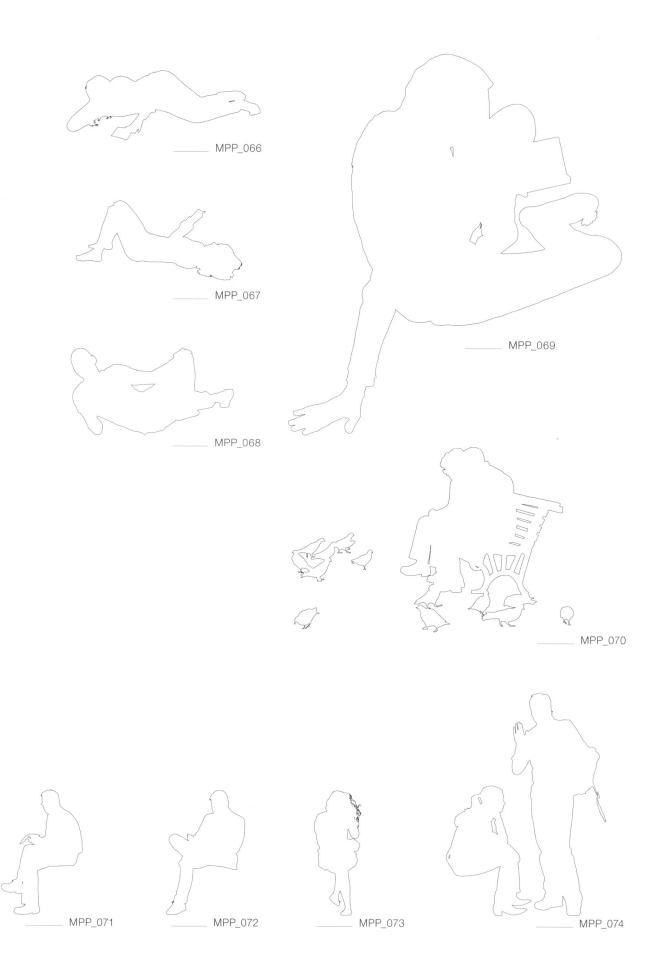

MPP_066

MPP_067

MPP_069

MPP_068

MPP_070

MPP_071

MPP_072

MPP_073

MPP_074

_____ MPP_075

_____ MPP_077

_____ MPP_076

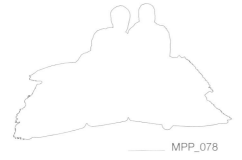

_____ MPP_079

_____ MPP_078

_____ MPP_080

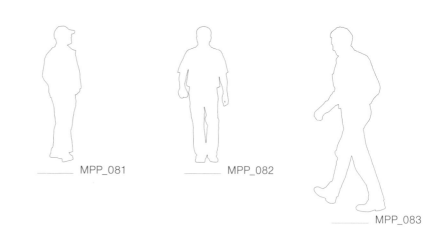

_____ MPP_081

_____ MPP_082

_____ MPP_083

_____ MPP_084

_____ MPP_085

_____ MPP_086

_____ MPP_088

020–041   FOTO PHOTO
                   Menschen People

124–145   SCHWARZ BLACK
                   Menschen People

                   KONTUR OUTLINE
                   Menschen People

_____ MPP_087

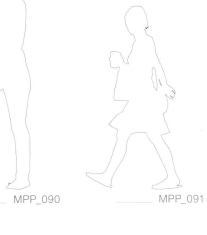

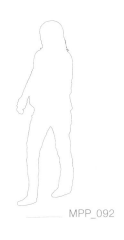

_____ MPP_090   _____ MPP_091   _____ MPP_092

_____ MPP_089

_____ MPP_094   _____ MPP_095

_____ MPP_093

_____ MPP_096

_____ MPP_097

_____ MPP_098

_____ MPP_099

_____ MPP_100

020 – 041 ___ FOTO PHOTO
Menschen People

124 – 145 ___ SCHWARZ BLACK
Menschen People

KONTUR OUTLINE
Menschen People

MPP_101

MPP_102

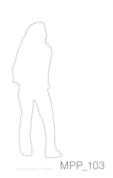

MPP_103

MPP_104

MPP_105

MPP_106

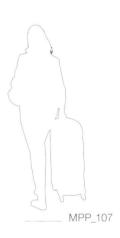

MPP_107

MPP_108

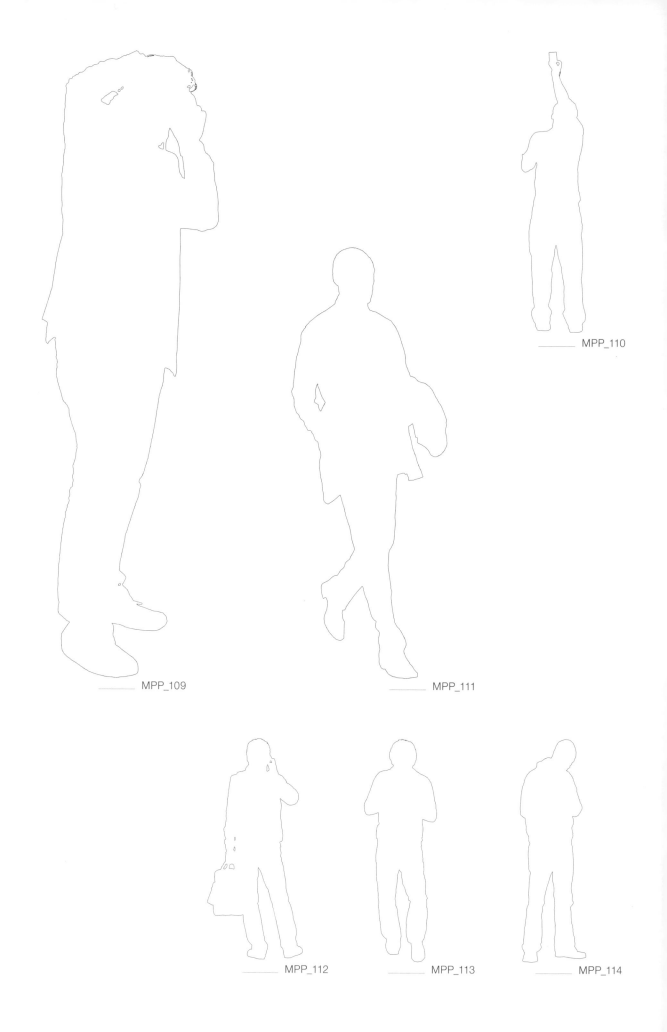

MPP_110

MPP_109

MPP_111

MPP_112

MPP_113

MPP_114

KONTUR OUTLINE
Menschen People

_____ MPP_115

_____ MPP_116

_____ MPP_117   _____ MPP_118   _____ MPP_119

MPP_120

MPP_121

MPP_122

MPP_123

MPP_124

020 – 041 ___ FOTO PHOTO
Menschen People

124 – 145 ___ KONTUR BLACK
Menschen People

KONTUR OUTLINE
Menschen People

MPP_125

MPP_126

MPP_127

MPP_128

MPP_129

MPP_131

MPP_130

MPP_132

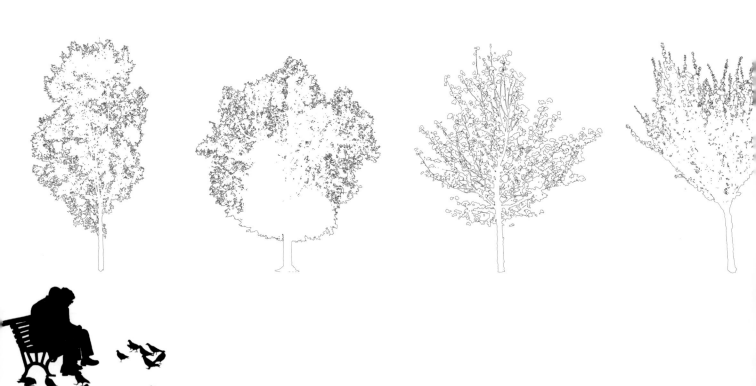

KONTUR OUTLINE
Vegetation Vegetation

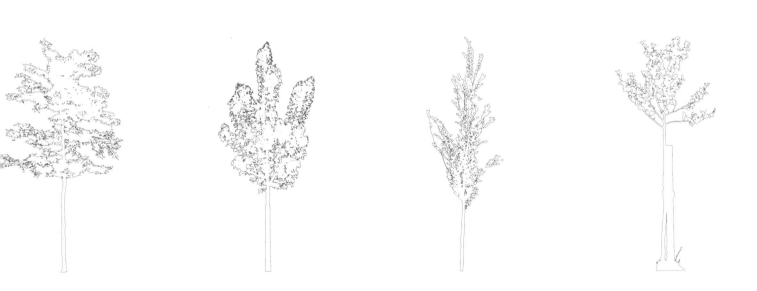

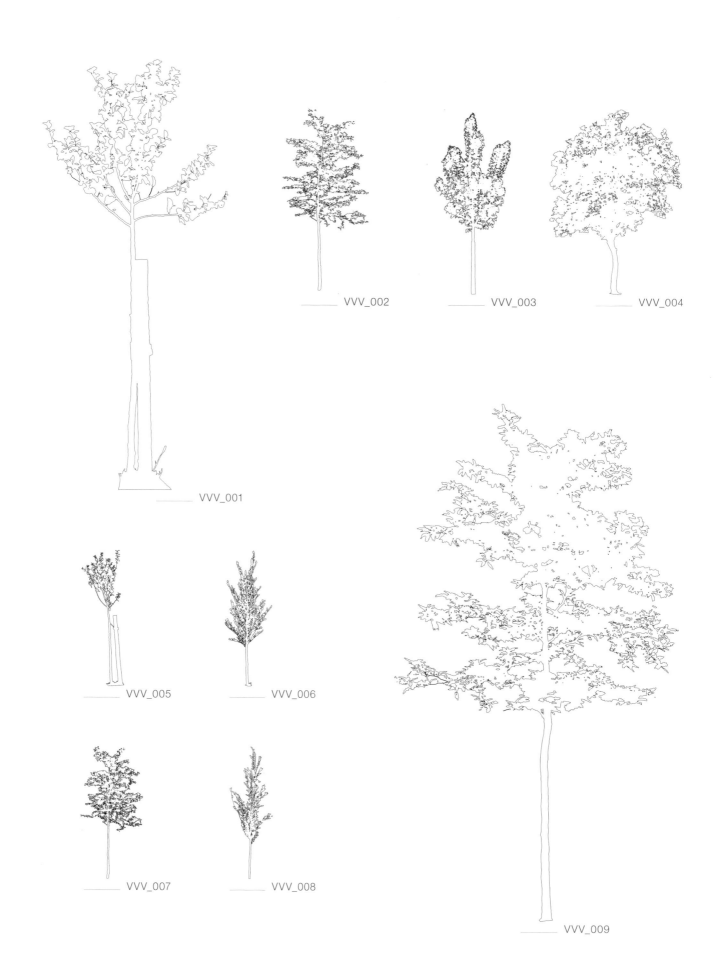

VVV_002

VVV_003

VVV_004

VVV_001

VVV_005

VVV_006

VVV_007

VVV_008

VVV_009

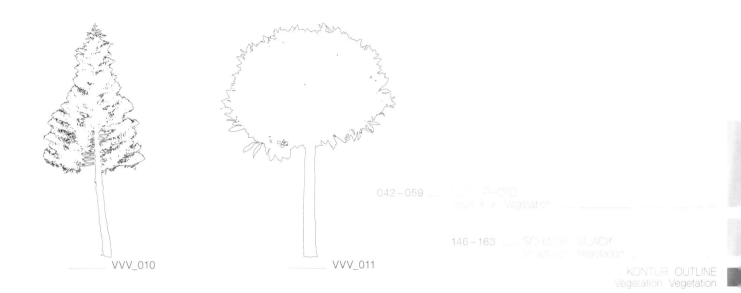

_____ VVV_010

_____ VVV_011

KONTUR OUTLINE
Vegetation Vegetation

_____ VVV_013

_____ VVV_014

_____ VVV_012

_____ VVV_015

VVV_016

VVV_017

VVV_018

VVV_019

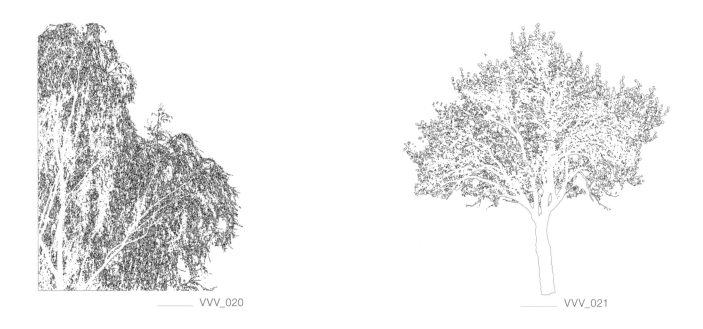

VVV_020

VVV_021

_____ VVV_022

_____ VVV_023

_____ VVV_024

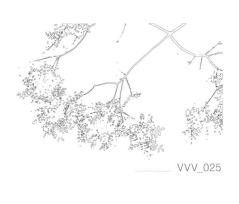

_____ VVV_025

_____ VVV_026

_____ VVV_027

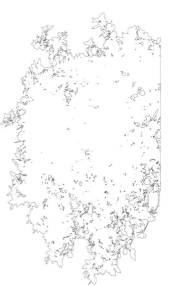

_____ VVV_028

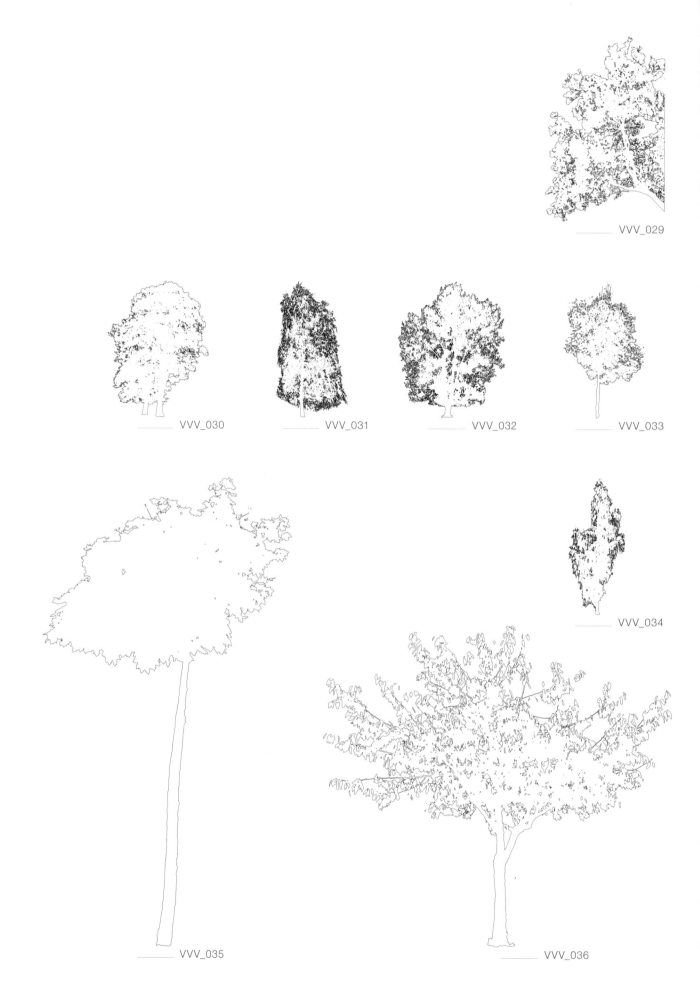

VVV_029

VVV_030

VVV_031

VVV_032

VVV_033

VVV_034

VVV_035

VVV_036

_____ VVV_037

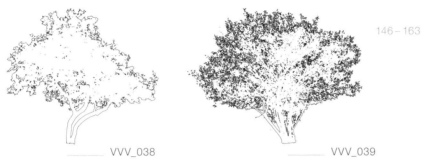

_____ VVV_038

_____ VVV_039

_____ VVV_041

_____ VVV_040

_____ VVV_042

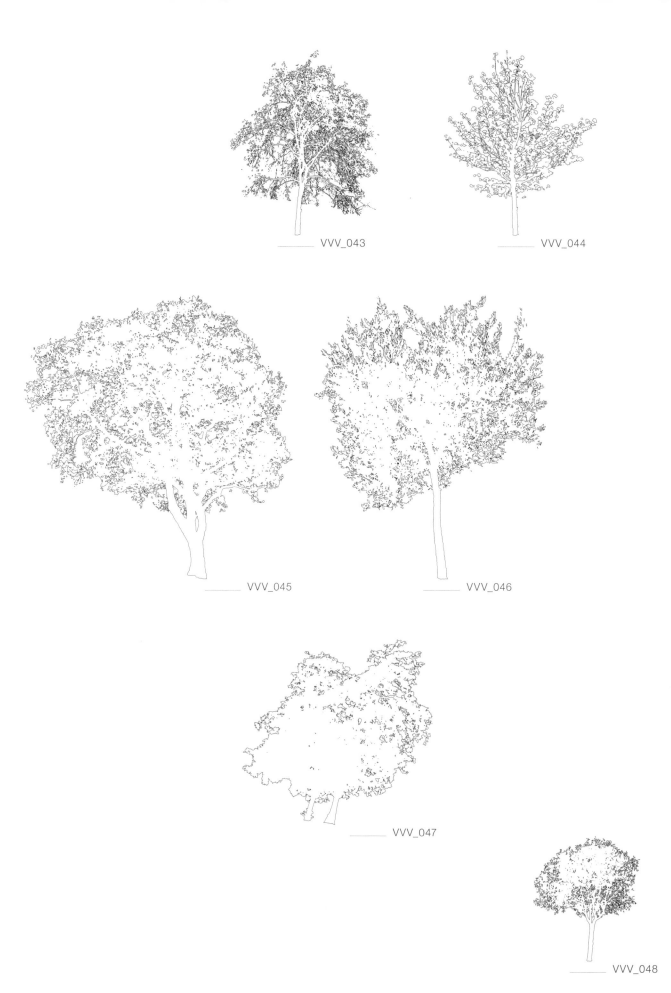

VVV_043

VVV_044

VVV_045

VVV_046

VVV_047

VVV_048

VVV_050

VVV_051

VVV_049

VVV_052

VVV_053

_____ VVV_054   _____ VVV_055   _____ VVV_056

_____ VVV_057   _____ VVV_058   _____ VVV_059

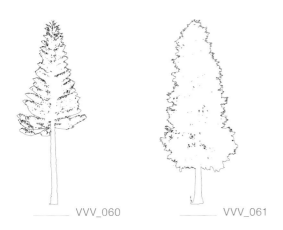

VVV_060   VVV_061

VVV_062

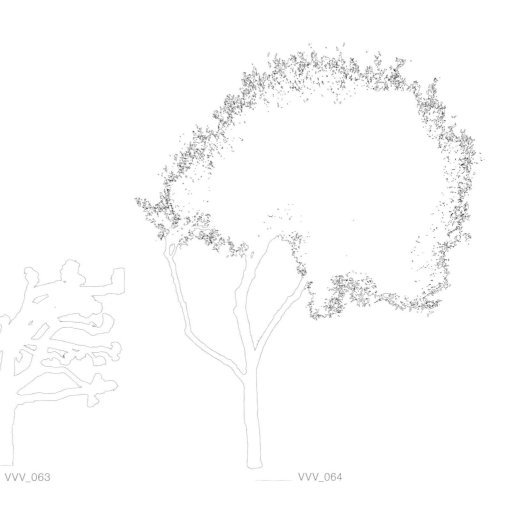

VVV_063   VVV_064

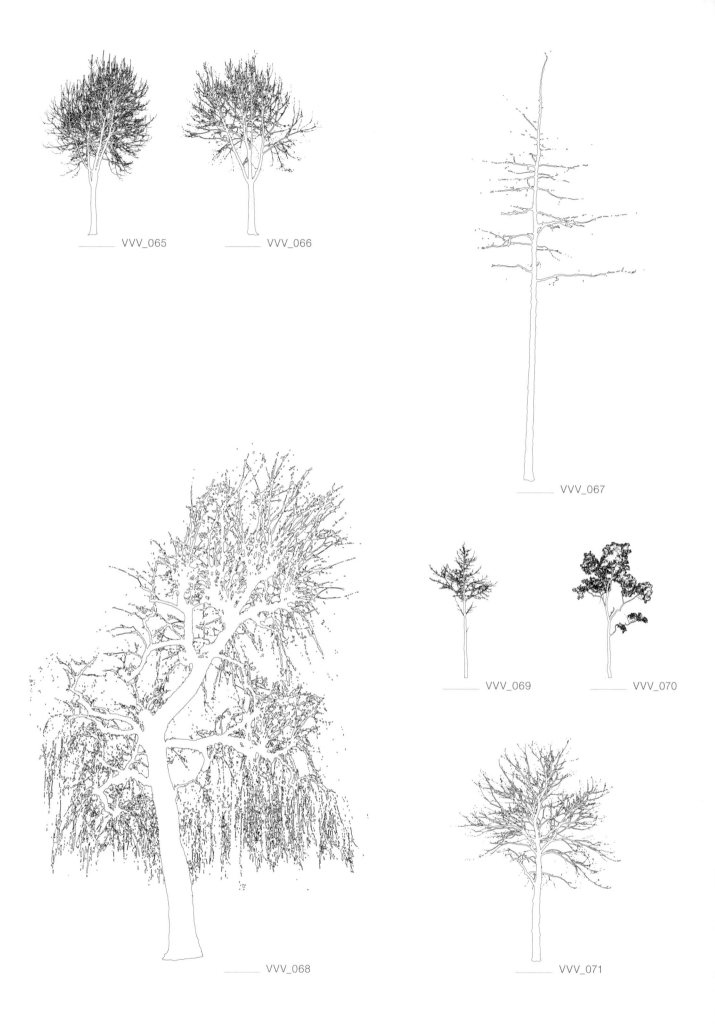

VVV_065

VVV_066

VVV_067

VVV_068

VVV_069

VVV_070

VVV_071

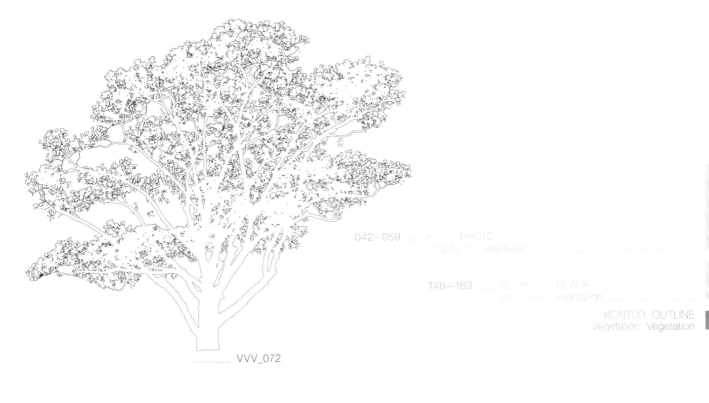

VVV_072

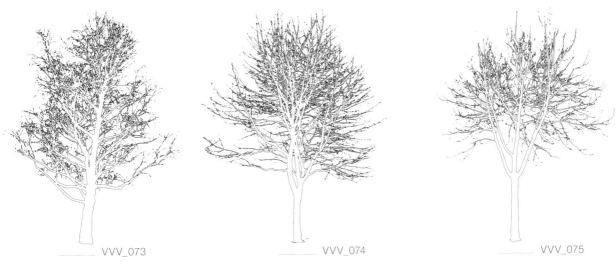

VVV_073

VVV_074

VVV_075

VVV_076

VVV_077

VVV_078

VVV_079

VVV_080

VVV_081

VVV_082

VVV_083

VVV_084

VVV_085

_____ VVV_086

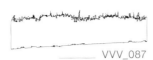

_____ VVV_087

_____ VVV_088

_____ VVV_089

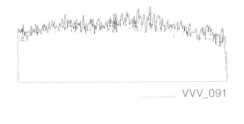

_____ VVV_090

_____ VVV_091

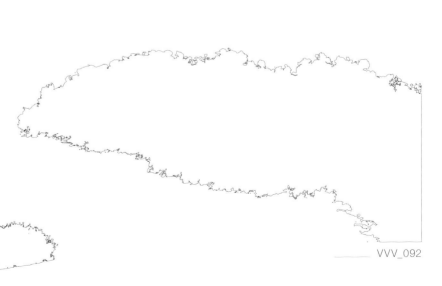

_____ VVV_092

_____ VVV_093

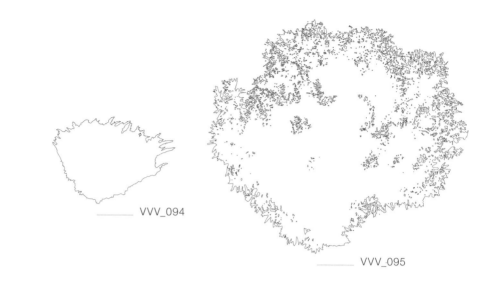

_____ VVV_094

_____ VVV_095

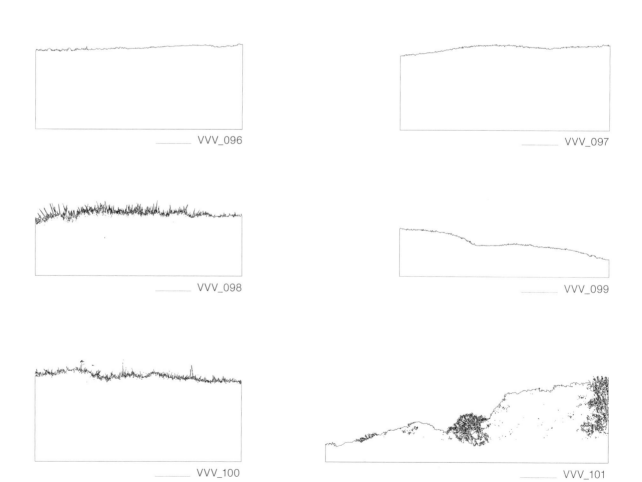

_____ VVV_096

_____ VVV_097

_____ VVV_098

_____ VVV_099

_____ VVV_100

_____ VVV_101

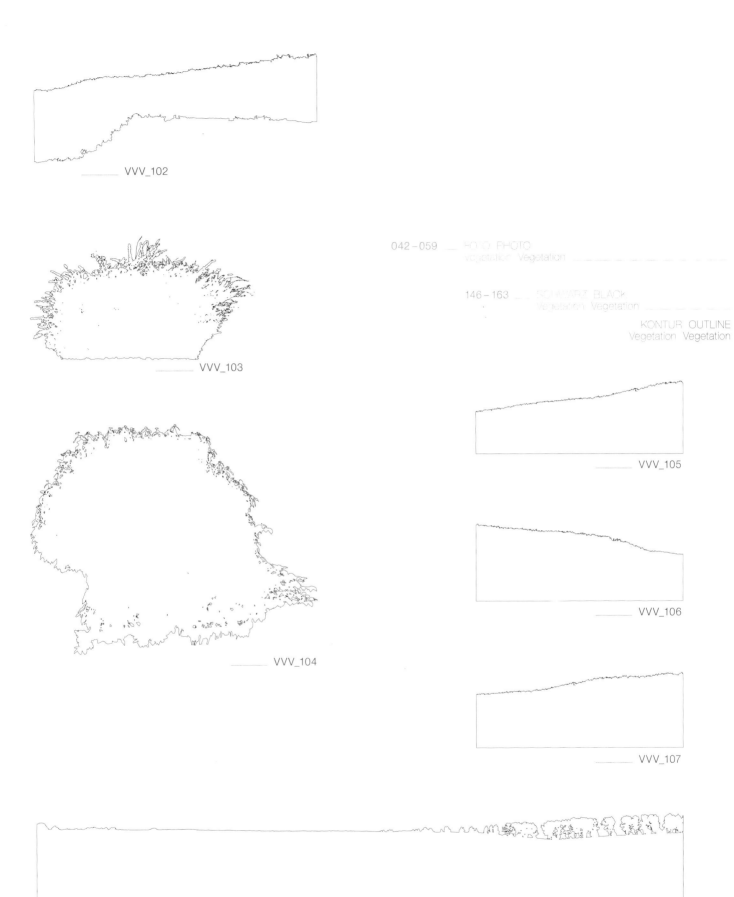

VVV_102

VVV_103

VVV_104

042–059 ___ FOTO PHOTO
Vegetation Vegetation

146–163 ___ SCHWARZ BLACK
Vegetation Vegetation

KONTUR OUTLINE
Vegetation Vegetation

VVV_105

VVV_106

VVV_107

VVV_108

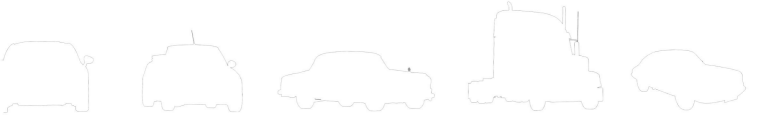

KONTUR OUTLINE
Fahrzeuge Cars

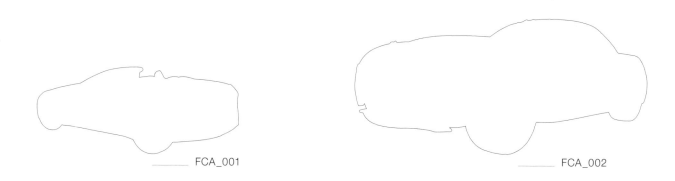

FCA_001

FCA_002

FCA_003

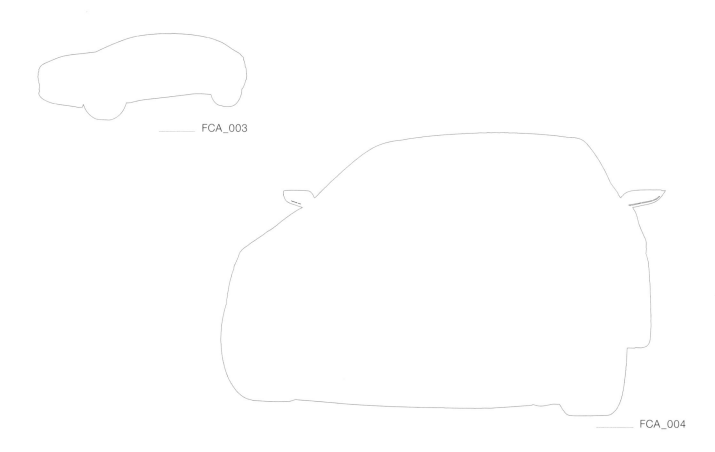

FCA_004

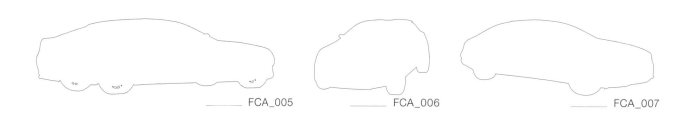

FCA_005

FCA_006

FCA_007

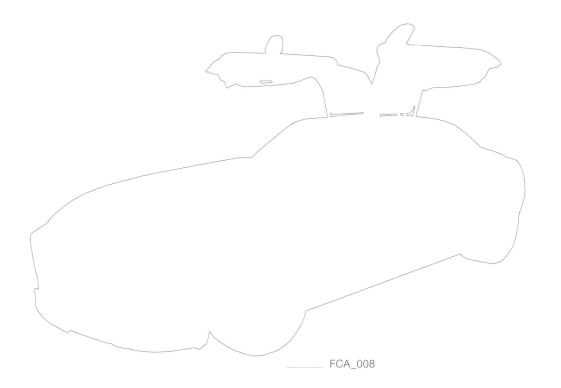

_____ FCA_008

KONTUR OUTLINE
Fahrzeuge Cars

_____ FCA_009

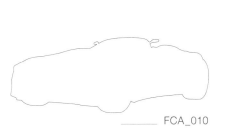

_____ FCA_010

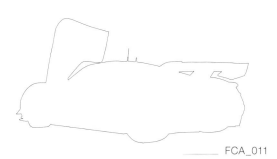

_____ FCA_011

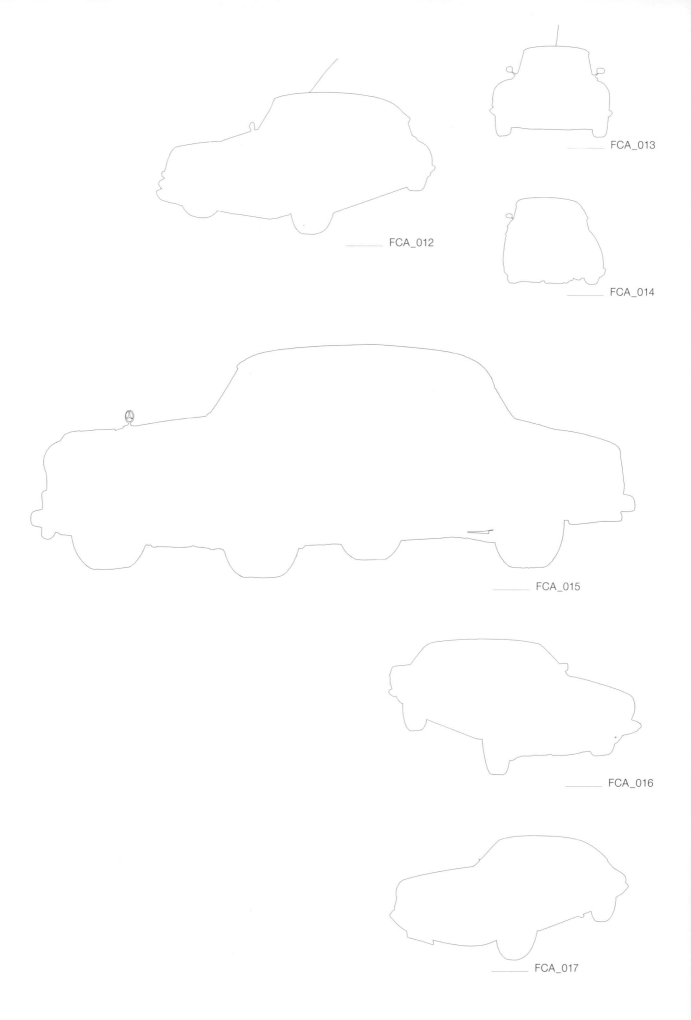

FCA_012

FCA_013

FCA_014

FCA_015

FCA_016

FCA_017

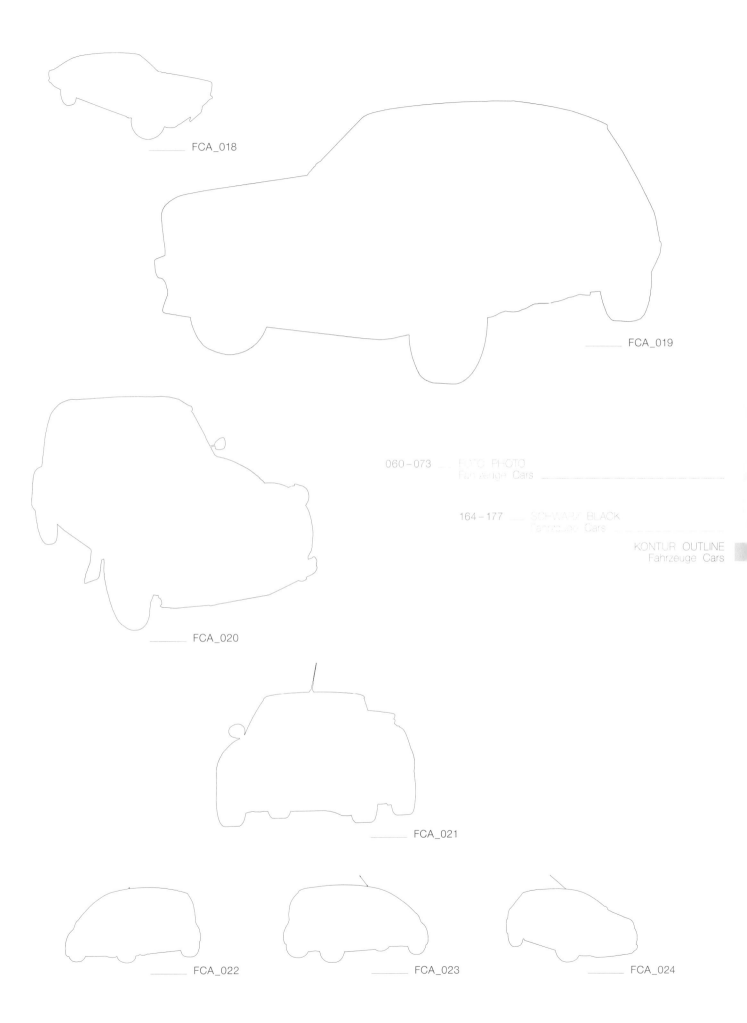

FCA_018

FCA_019

FCA_020

FCA_021

FCA_022

FCA_023

FCA_024

FCA_025

FCA_026

FCA_027

FCA_028

FCA_029

FCA_030

FCA_031

FCA_032

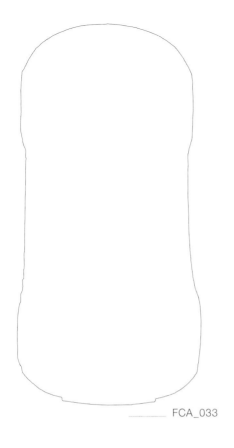

FCA_033

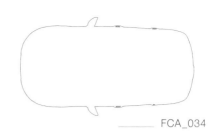

FCA_034

FCA_035

KONTUR OUTLINE
Fahrzeuge Cars

FCA_036

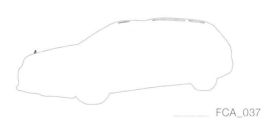

FCA_037

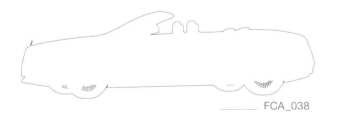

FCA_038

FCA_039

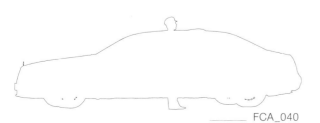

FCA_040

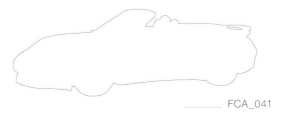

FCA_041

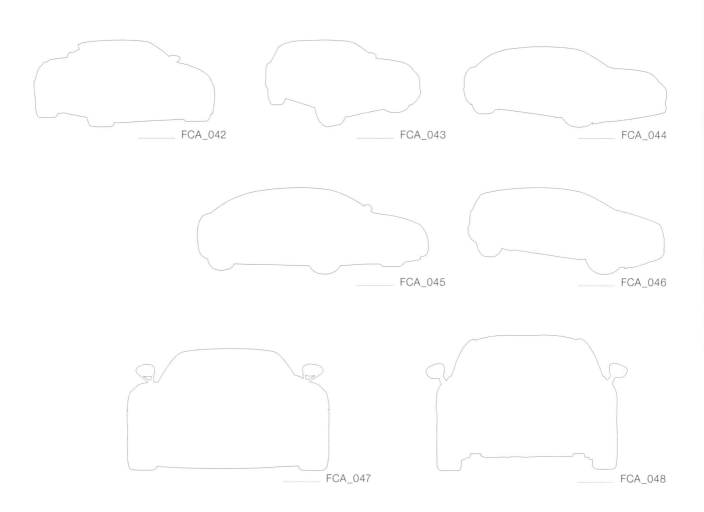

_____ FCA_042

_____ FCA_043

_____ FCA_044

_____ FCA_045

_____ FCA_046

_____ FCA_047

_____ FCA_048

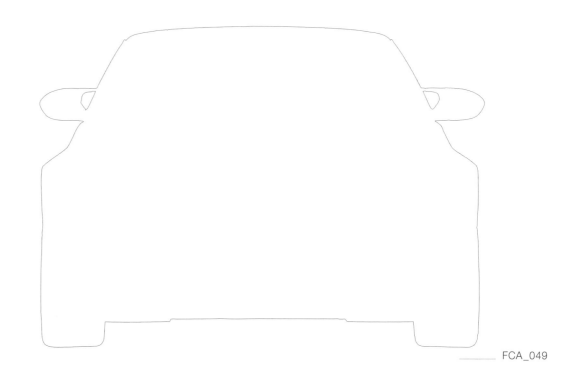

_____ FCA_049

_____ FCA_050

_____ FCA_051

_____ FCA_052

_____ FCA_053

KONTUR OUTLINE
Fahrzeuge Cars

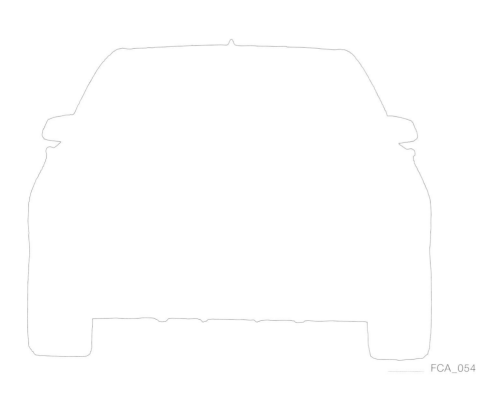

_____ FCA_054

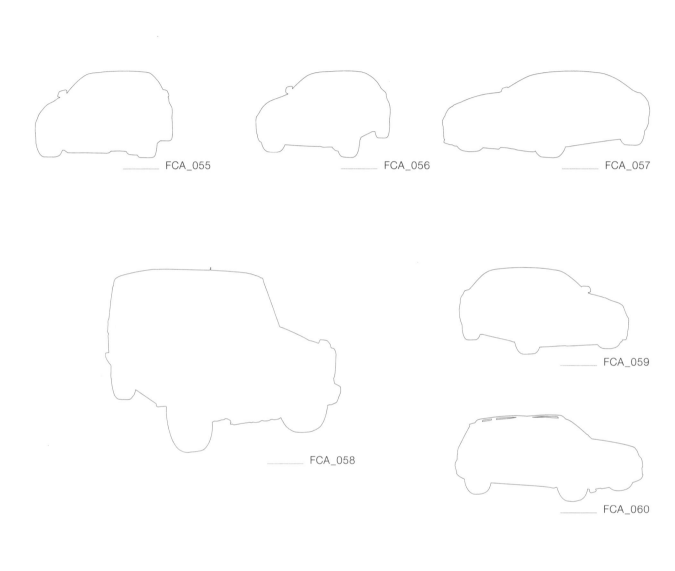

FCA_055

FCA_056

FCA_057

FCA_059

FCA_058

FCA_060

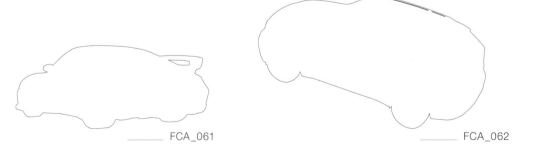

FCA_061

FCA_062

FCA_063

FCA_064

FCA_065

FCA_066

FCA_067

FCA_068

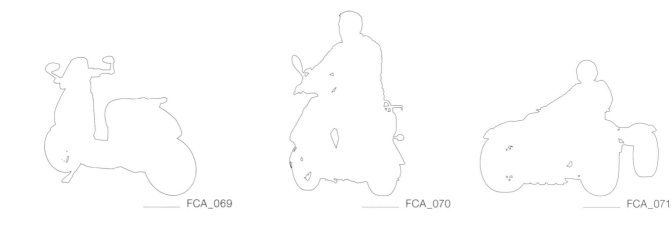

FCA_069

FCA_070

FCA_071

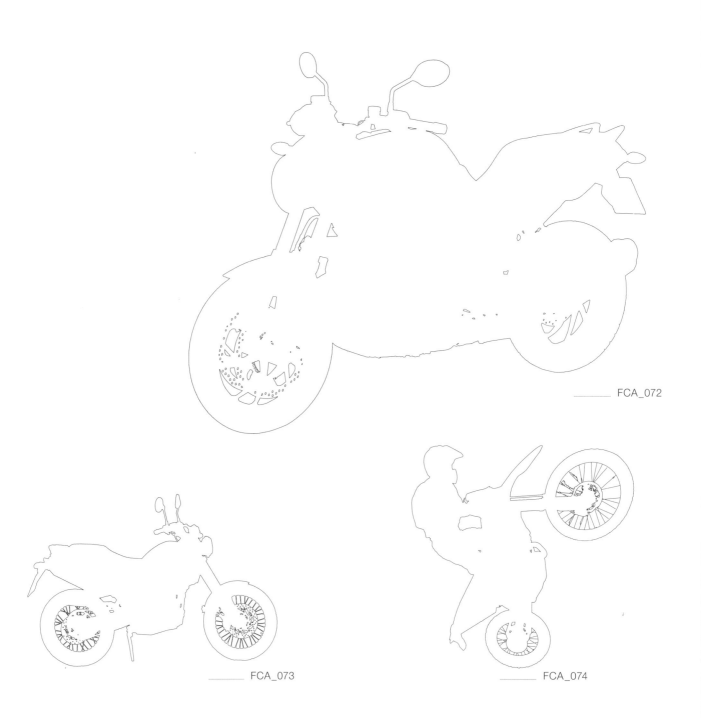

FCA_072

FCA_073

FCA_074

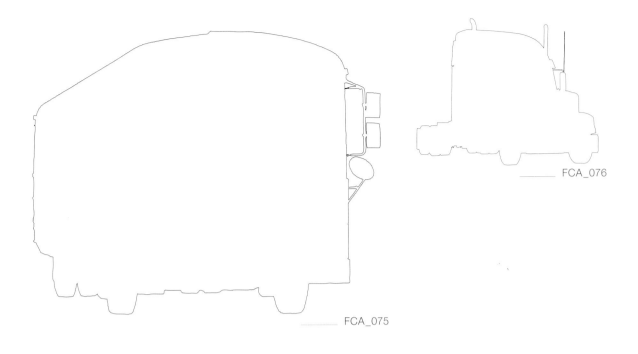

_____ FCA_076

_____ FCA_075

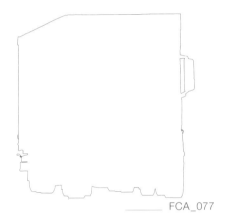

_____ FCA_077

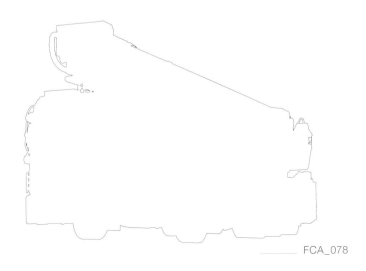

_____ FCA_078

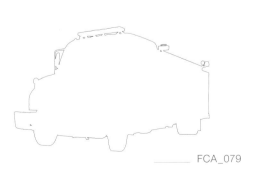

_____ FCA_079

KONTUR OUTLINE
Accessoires Accessories

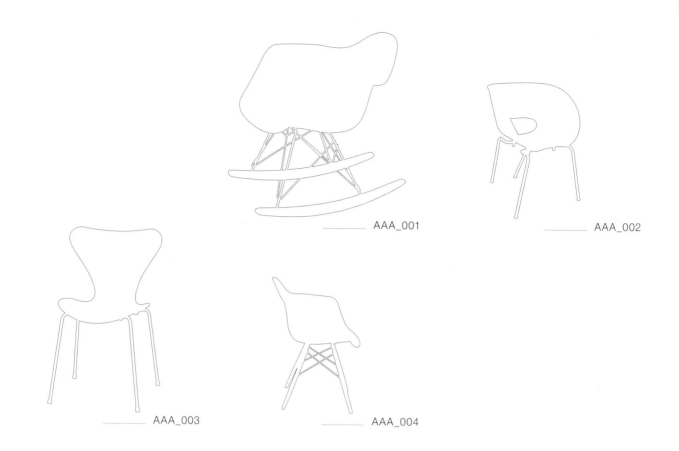

AAA_001

AAA_002

AAA_003

AAA_004

AAA_005

AAA_006

AAA_007

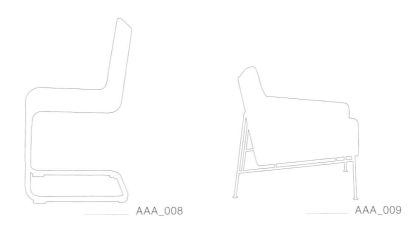

AAA_008

AAA_009

AAA_010

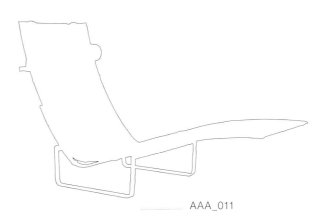

AAA_011

KONTUR OUTLINE
Accessoires Accessories

AAA_012

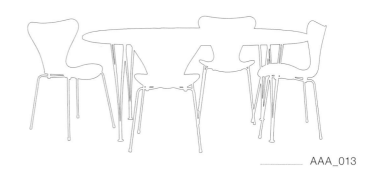

AAA_013

AAA_014

AAA_015

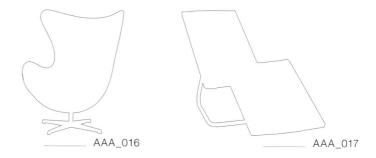

AAA_016

AAA_017

_____ AAA_018

_____ AAA_019

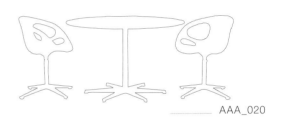

_____ AAA_020

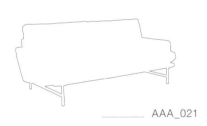

_____ AAA_021

_____ AAA_022

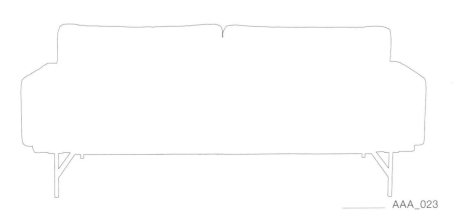

_____ AAA_023

AAA_024

AAA_025

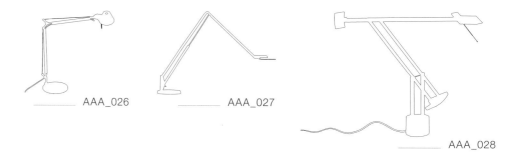

AAA_026

AAA_027

AAA_028

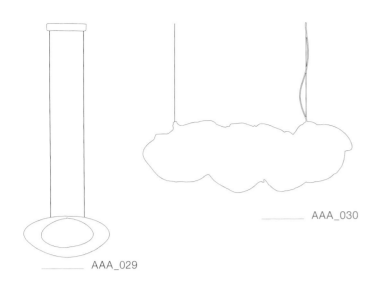

AAA_029

AAA_030

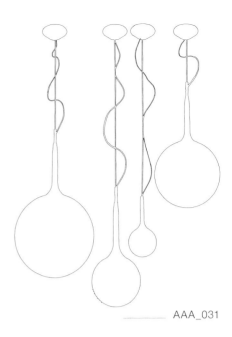

AAA_031

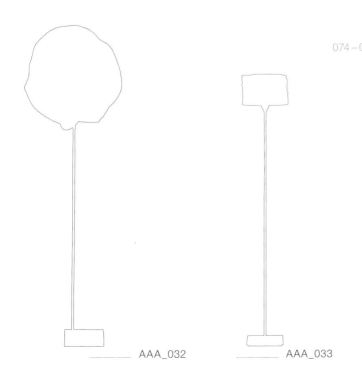

AAA_032

AAA_033

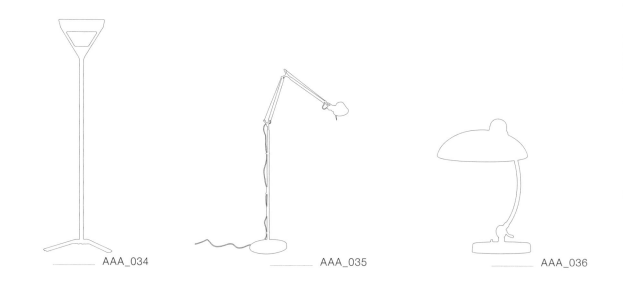

AAA_034

AAA_035

AAA_036

AAA_037

AAA_038

AAA_039

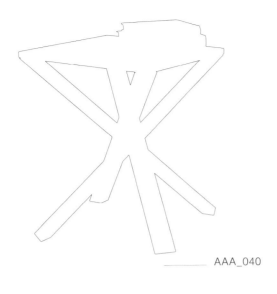

_____ AAA_040

_____ AAA_041

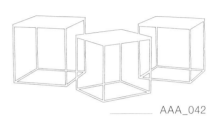

_____ AAA_042

_____ AAA_043

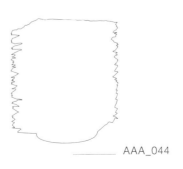

_____ AAA_044

_____ AAA_045

_____ AAA_046

_____ AAA_047

_____ AAA_048

_____ AAA_049

_____ AAA_050

_____ AAA_051

_____ AAA_052

_____ AAA_053

_____ AAA_054

_____ AAA_055

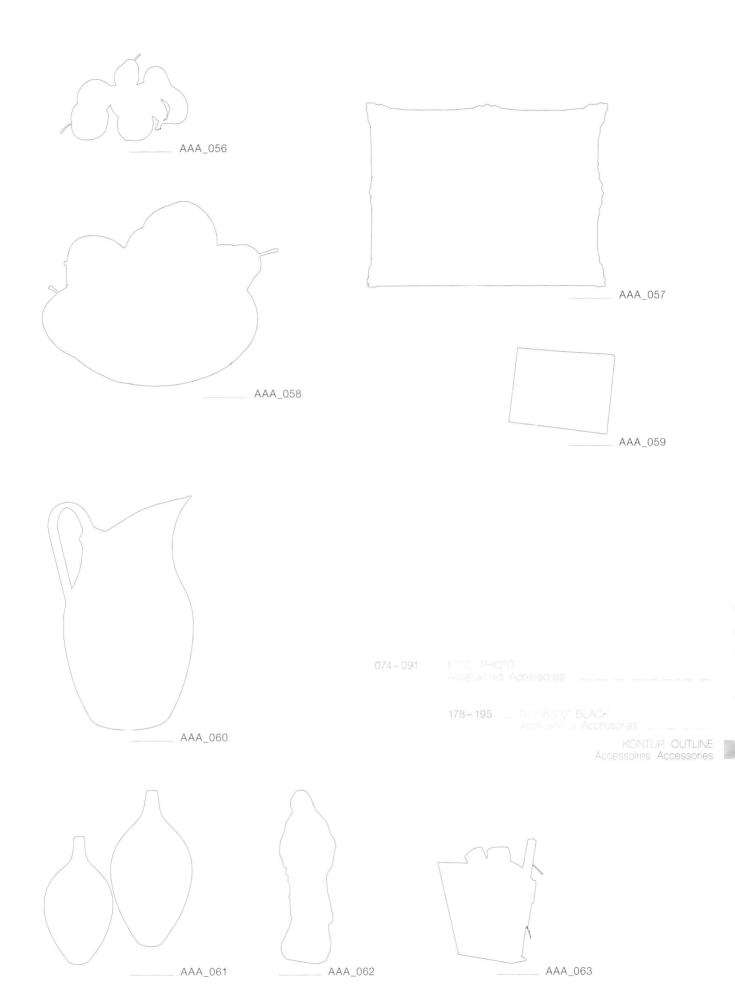

AAA_056

AAA_057

AAA_058

AAA_059

AAA_060

AAA_061

AAA_062

AAA_063

AAA_064

AAA_065

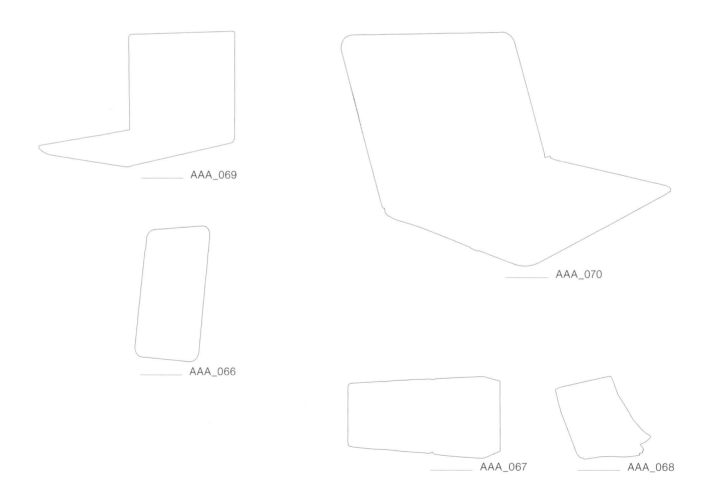

AAA_069

AAA_070

AAA_066

AAA_067

AAA_068

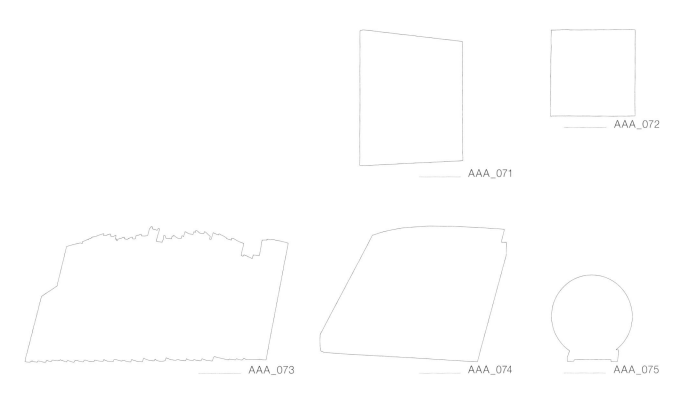

_____ AAA_072

_____ AAA_071

_____ AAA_073

_____ AAA_074

_____ AAA_075

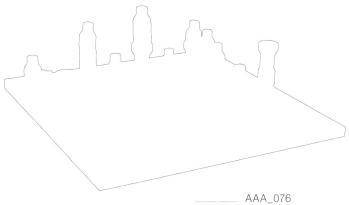

_____ AAA_076

074–091 _____ FOTO PHOTO
Accessoires Accessories _____

178–195 _____ SCHWARZ BLACK
Accessoires Accessories _____

KONTUR OUTLINE
Accessoires Accessories

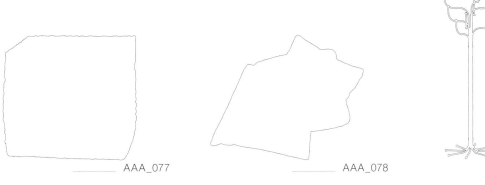

_____ AAA_077

_____ AAA_078

_____ AAA_079

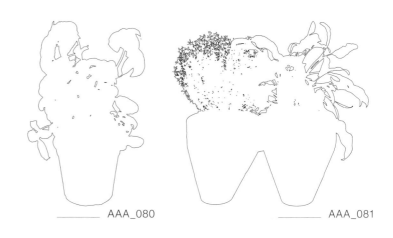

———— AAA_080   ———— AAA_081

———— AAA_082

———— AAA_083

———— AAA_084   ———— AAA_085

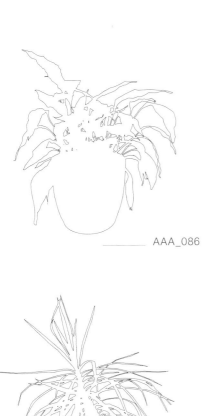

_____ AAA_086

_____ AAA_087

_____ AAA_088

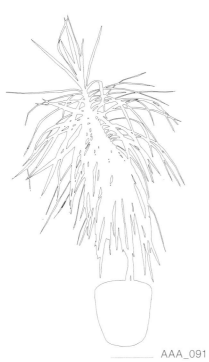

_____ AAA_089

_____ AAA_090

_____ AAA_091

_____ AAA_092

_____ AAA_093

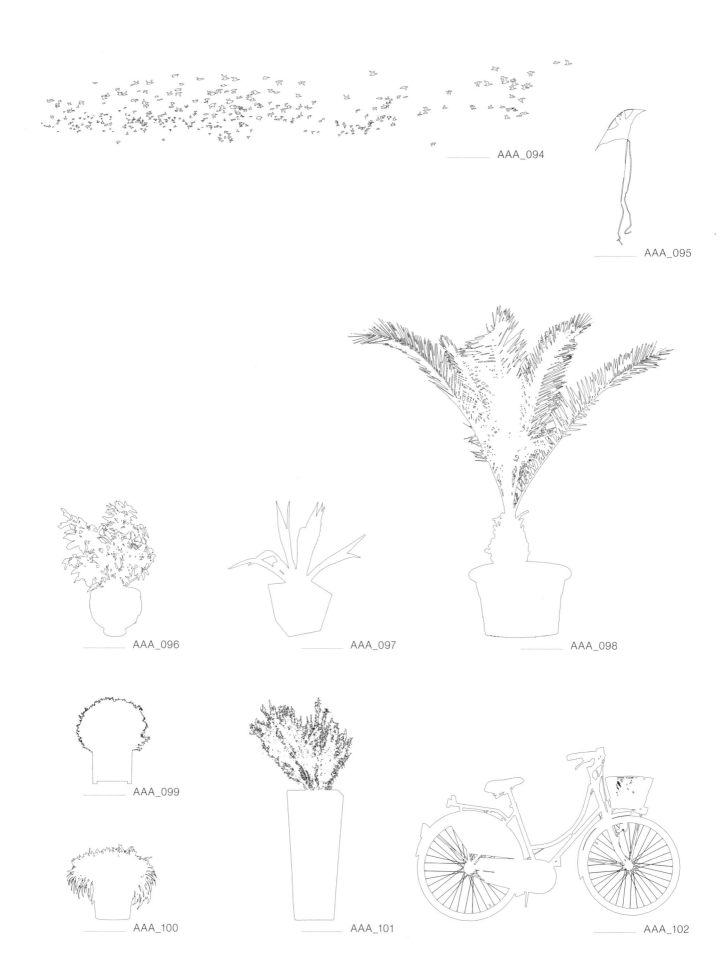

AAA_094

AAA_095

AAA_096

AAA_097

AAA_098

AAA_099

AAA_100

AAA_101

AAA_102

AAA_103

AAA_104

AAA_105

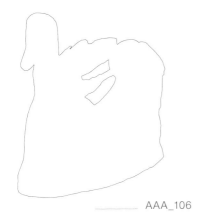

AAA_106

KONTUR OUTLINE
Accessoires Accessories

AAA_108

AAA_107

DANKSAGUNG

Unser größter Dank gilt unseren Frauen Alicja und Marline. Ohne Euch wäre dieses Buch nie möglich gewesen. Ihr habt uns immer den Rücken gestärkt und so manches Mal auf uns verzichten müssen.
Daher widmen wir Euch dieses Buch. Danke!

Wir danken außerdem für die tatkräftige Unterstützung des Buches in vielfacher Hinsicht:
Hermann, Christine, Jutta und Christopher, Heinrich, Jakob und Felix, Peter und Christine, Horst und Martha, Irene, Gerhard und Brigitte, Ingo, Roman, Moni, Tim, Frank, Otto, Nic und Bruce Berger, Ulrike Ruh, Annette Gref und Katharina Kulke vom Birkhäuser Verlag, allen Firmen, die uns mit ihrem Bildmaterial geholfen haben, den Teilnehmern des FH-Fotoshootings sowie allen, die uns in der Zeit der Bucherstellung zur Seite standen: Vielen Dank!

Achim Bursch und Thomas Kruppa

ÜBER DIE AUTOREN

THOMAS KRUPPA, gelernter Bauzeichner und Architekt, beschäftigt sich seit vielen Jahren mit dem Zusammenspiel von CAAD, digitaler Bildbearbeitung und 3-D-Visualisierung. Die digitale Bildbearbeitung und Bildkompositionen mit Adobe Programmen gehören zu seinen Kernkompetenzen. Er sammelte seine Erfahrungen in mehreren renommierten Architekturbüros, zuletzt in Luxemburg, wo er die Wettbewerbsabteilung leitet.

ACHIM BURSCH, gelernter Tischler und Innenarchitekt, beschäftigt sich seit vielen Jahren mit den Bereichen Architektur- und Produktvisualisierung, Fotografie und digitaler Bildbearbeitung. Neben der Projektarbeit für namhafte Kunden dozierte er bereits im Studium zum Thema Cinema 4D an der FH Trier und leitet derzeit die grafische Abteilung eines Luxemburger Architekturbüros.

Beide Autoren veröffentlichen ihre Perspektiven im Bereich Architekturvisualisierung unter www.dieperspektivisten.de.

ACKNOWLEDGEMENT

We should like to begin by thanking our wives, Alicja and Marline, without whom this book would never have been possible. They gave us their full support at all times and had to make do without us many a time.
With this in mind, we should like to dedicate this book to them and thank them.

We also wish to express our gratitude to the following people for the active support they have given us in so many ways in completing this book:
Hermann, Christine, Jutta and Christopher, Heinrich, Jakob and Felix, Peter and Christine, Horst and Martha, Irene, Gerhard and Brigitte, Ingo, Roman, Moni, Tim Frank, Otto, Nic and Bruce Berger, Ulrike Ruh, Annette Gref and Katharina Kulke at Birkhäuser Verlag, as well as all the companies that helped us with their visual material, those who participated in the FH photo-shooting, and all the others who stood by us while we were working on this book:
Thank you very much.

Achim Bursch and Thomas Kruppa

ABOUT THE AUTHORS

THOMAS KRUPPA, a skilled draftsman and architect, has been occupied with the interaction between CAAD, digital image processing and 3D visualization for many years now. His key competences include digital image processing and image composition with Adobe software. He gained his experience in a number of renowned architects' offices – most recently in Luxemburg, where he runs the competition department.

ACHIM BURSCH, a skilled carpenter and interior designer, has been working in the fields of architecture and product visualization, photography and digital image processing for quite a number of years now. In addition to doing project work for renowned clients, he also lectures – alongside his studies – on the subject of Cinema 4D at Trier University of Applied Sciences. He also runs the graphics department at an architect's office in Luxemburg.

Both authors publish their views in the field of architecture visualization on www.dieperspektivisten.de.

BILDNACHWEIS
PICTURE CREDITS

Wir danken den Herstellern:
We would like to thank to manufactures:

Daimler AG, BMW AG, Dr. Ing. h.c. F. Porsche AG, Citroën Deutschland GmbH, PEUGEOT Deutschland GmbH, Ford-Werke GmbH,
Herman Miller Inc., Vitra AG, BELUX AG, Artemide GmbH, Fritz Hansen S/A, Samsung Electronics GmbH, POSTFOSSIL, Büro & Objekt Trier,
Birkhäuser Verlag GmbH.

Daimler AG:
Mercedes-Benz/Smart:
p. 62:   FCA_004, FCA_007
p. 64:   FCA_015
p. 66:   FCA_030
p. 67:   FCA_035, FCA_037, FCA_038, FCA_039, FCA_040
p. 60, 68: FCA_046
p. 69:   FCA_052, FCA_053
p. 70:   FCA_060
p. 71:   FCA_063, FCA_064
p. 72:   FCA_069
p. 73:   FCA_077, FCA_078
Mercedes Benz – Thomas Built Buses:
p. 73:   FCA_076
Mercedes Benz – Freightliner Trucks:
p. 60, 73: FCA_075
p. 73:   FCA_079
Daimler AG/Autoren:
p. 64:   FCA_016
p. 71:   FCA_065, FCA_066
Mercedes-Benz Luxembourg S.A./Autoren:
p. 61, 63: FCA_008
p. 60, 70: FCA_058

BMW AG:
p. 61, 62: FCA_002
p. 62:   FCA_005
p. 61, 63: FCA_010
p. 65:   FCA_021
p. 66:   FCA_028, FCA_031
p. 68:   FCA_042, FCA_049
p. 69:   FCA_050, FCA_051, FCA_054
p. 70:   FCA_055, FCA_056, FCA_057, FCA_059, FCA_062
p. 60, 72: FCA_072
p. 72:   FCA_073, FCA_074

Dr. Ing. h.c. F. Porsche AG:
p. 63:   FCA_011
p. 64:   FCA_017
p. 66:   FCA_026, FCA_027
p. 67:   FCA_033, FCA_041
p. 68:   FCA_043, FCA_044, FCA_047
p. 70:   FCA_061

Citroën Deutschland GmbH:
p. 62:   FCA_003
p. 63:   FCA_009
p. 65:   FCA_020
p. 60, 65: FCA_022
p. 66:   FCA_025
p. 67:   FCA_034, FCA_036
p. 68:   FCA_045
p. 71:   FCA_068
Citroën Deutschland GmbH/Autoren:
p. 61, 64, Cover: FCA_012
p. 64:   FCA_013, FCA_014

Peugeot Deutschland GmbH:
p. 62:   FCA_001, FCA_006
p. 61, 65: FCA_019
p. 65:   FCA_023, FCA_024
p. 66:   FCA_029, FCA_032
p. 68:   FCA_048
p. 71:   FCA_067
p. 72:   FCA_071

Ford-Werke GmbH/Autoren:
p. 65:   FCA_018

Vitra AG/Herman Miller Inc./Autoren:
p. 76:   AAA_001, AAA_002, AAA_004, AAA_005, AAA_006
p. 76, Cover: AAA_007
p. 77:   AAA_008, AAA_011
p. 74, 78: AAA_014
p. 78:   AAA_015, AAA_017

BELUX AG:
p. 80:   AAA_024, AAA_025, AAA_027
p. 81:   AAA_030, AAA_032
p. 82:   AAA_034, AAA_038
p. 83:   AAA_043, AAA_044

Artemide GmbH:
p. 80:   AAA_026, AAA_028
p. 81:   AAA_029, AAA_031, AAA_033
p. 82:   AAA_035, AAA_037, AAA_039

Fritz Hansen S/A:
p. 75, 76: AAA_003
p. 77:   AAA_009, AAA_010, AAA_012
p. 78:   AAA_013, AAA_016
p. 79:   AAA_019, AAA_020, AAA_021, AAA_022, AAA_023
p. 75, 82: AAA_036
p. 83:   AAA_041, AAA_042
p. 87:   AAA_079

Samsung Electronics GmbH:
p. 86:   AAA_064, AAA_065, AAA_067, AAA_069, AAA_070
p. 74, 86: AAA_066

POSTFOSSIL:
p. 74, 83: AAA_040
p. 83:   AAA_045
p. 84:   AAA_050, AAA_052, AAA_053
p. 85:   AAA_063
p. 87:   AAA_076
p. 88:   AAA_081

Birkhäuser Verlag GmbH:
p. 87:   AAA_073

Alle anderen Fotos wurden von den Autoren aufgenommen.
All other photos were taken by the authors.

Die private und /oder kommerzielle Nutzung der Bildobjekte der Kategorien Menschen, Vegetation, Himmel, Materialien und Strukturen zu Zwecken der Architekturvisualisierung und damit im engen Zusammenhang stehender Zwecke ist gestattet. Jede darüber hinausgehende nicht-private Nutzung bedarf in jedem Fall der vorherigen schriftlichen Erlaubnis durch die Autoren.

Ausgenommen sind fotorealistische Bildobjekte aus den Kategorien Fahrzeuge und Accessoires der Hersteller Daimler AG, BMW AG, Dr. Ing. h.c. F. Porsche AG, PEUGEOT Deutschland GmbH, Citroën Deutschland GmbH, Ford-Werke GmbH, Herman Miller Inc., Vitra AG, BELUX AG, Artemide GmbH, Fritz Hansen S/A, Samsung Electronics GmbH, POSTFOSSIL, Birkhäuser Verlag GmbH.
Diese Objekte stehen ausschließlich zur privaten Nutzung für Architekturvisualisierungen und damit im Zusammenhang stehender Zwecken zur Verfügung.
Jede darüber hinausgehende nicht-private Nutzung bedarf in jedem Fall der vorherigen schriftlichen Erlaubnis durch die jeweiligen Rechteinhaber /Hersteller.

Private and/or commercial use of the images in the categories People, Vegetation, Sky, Materials and Structures for the purposes of architectural visualization and for closely related purposes is permitted. Any non-private use in addition to this will in all cases require prior written permission from the authors.

This excludes photo-realistic images in the categories Vehicles and Accessories of the manufacturers Daimler AG, BMW AG, Dr. Ing. h.c. F. Porsche AG, PEUGEOT Deutschland GmbH, Citroën Deutschland GmbH, Ford-Werke GmbH, Herman Miller Inc., Vitra AG, BELUX AG, Artemide GmbH, Fritz Hansen S/A, Samsung Electronics GmbH, POSTFOSSIL and Birkhäuser Verlag GmbH.
These images on the DVD are available exclusively for private use for architectural visualization and closely related purposes. Any use in addition to this, will in all cases require prior written permission from the respective rights holder /manufacturer.

Thomas Kruppa
Achim Bursch

CUT & COMPOSE
Baukasten für Visualisierungen in Architektur und Design
Toolbox for Visualizations in Architecture and Design

Project management: Ulrike Ruh, Annette Gref, Katharina Kulke
Copyeditor German: Katharina Kulke
Translation German into English: Robin Benson
Layout and typesetting: Hannah Schönenberg

A CIP catalogue record for this book is available from the Library of Congress, Washington D.C., USA.

Bibliographic information published by the German National Library
The German National Library lists this publication in the Deutsche Nationalbibliografie; detailed bibliographic data are available on the Internet at http://dnb.d-nb.de.

© 2013 Birkhäuser Verlag GmbH, Basel
P.O. Box 44, 4009 Basel, Switzerland
Part of De Gruyter

Printed on acid-free paper produced from chlorine-free pulp. TCF ∞

Printed in Germany
ISBN 978-3-0346-0817-6

9 8 7 6 5 4 3 2 1

www.birkhauser.ch

Adobe revolutioniert unseren Umgang mit Ideen und Informationen. Seit mehr als 25 Jahren setzen die preisgekrönten Technologien und Software-Lösungen von Adobe Maßstäbe für digitale Kommunikation und Zusammenarbeit. Sie ermöglichen ansprechende, interaktive Anwendererlebnisse auf nahezu jedem Bildschirm.

Adobe is changing the world through digital experiences. We harness our creative DNA to not only enable the creation of beautiful and powerful images, videos, and apps, but also to reinvent how companies interact with their customers across every digital channel and screen.

MAXON | 3D FOR THE REAL WORLD

MAXON Computer ist der Entwickler der vielfach ausgezeichneten, professionellen 3D-Modelling-, Painting-, Animations- und Rendering-Lösungen CINEMA 4D und BodyPaint 3D. MAXON unterhält Niederlassungen in Deutschland (HQ), den USA, dem Vereinigten Königreich, Frankreich, Japan und Singapur.

MAXON Computer is the developer of award-winning, professional 3D modeling, painting, animation and rendering software CINEMA 4D and BodyPaint 3D. MAXON has offices in Germany (HQ), USA, UK, France, Japan and Singapore.